Internet es útil

Internet es útil

Ismael Nafría

Más de 200 webs
que te harán la vida más fácil...
y recomendarás a tus amigos

Prólogo de **Vint Cerf**

Plataforma Editorial
Barcelona

Título original: *Internet es útil*

Primera edición en esta colección: junio de 2008

Plataforma Editorial
Plaça Francesc Macià 8-9 - 08029 Barcelona
Tel.: (+34) 93 494 79 99 - Fax: (+34) 93 419 23 14
www.plataformaeditorial.com
info@plataformaeditorial.com

Depósito legal: B. 29.448-2008
ISBN: 978-84-96981-09-6
Printed in Spain - Impreso en España

Diseño de cubierta:
Rubén Verdú y **peepingmonster**
www.peepingmonster.com

Fotocomposición:
Anglofort, S.A.
www.anglofort.es

Impresión:
Romanyà-Valls; Verdaguer, 1 - Capellades (Barcelona)
www.romanyavalls.com

Para Clara,
nuestra hija mayor,
nativa de internet.

■ *Agradecimientos* ■

Para que un libro acabe siendo una realidad suele ser necesaria una confluencia de factores. Entre ellos, la decisiva intervención de distintas personas, como ha sucedido en este caso.

Quiero dar las gracias en primer lugar a mi buen amigo Jordi Nadal, editor de este libro e impulsor de una gran aventura editorial, Plataforma Editorial, de la que me siento orgulloso de formar parte con estas páginas. Jordi ha creído siempre en este libro, y yo he creído siempre en Jordi.

También quiero agradecer a un grupo de buenos amigos y familiares –Tom Walton, Raquel Riu, Nuria Pérez, Blanca Pérez, Noemí Ramírez, Txema Alegre, Eva Domínguez, Eduard Ramos, Daniel Lozano, Carol y César, Sònia y David, Marián y Alfons, Mar y Eduardo, Nacho y Chus, Àngels y Joan, Fer Rojo, Pere Josep y Patricia, y David y Mariluz, entre otros– el tiempo que me han dedicado y el interés mostrado cuando les he hablado de *Internet es útil.* Quizás sin saberlo, me han ayudado a dar forma a este proyecto.

Mención especial merecen en este capítulo de agradecimientos Emilio García y David Moreno por aportar su buen hacer a la web del libro.

A Paco García le agradezco la tarea de edición de estas páginas.

Muchísimas gracias a Vint Cerf, uno de los padres de internet, a quien le hablé del proyecto hace ya unos años y que ha tenido la inestimable gentileza de escribir el prólogo. Es un inmenso honor que estas páginas estén encabezadas por sus palabras.

Y a Tina tengo que agradecerle, como siempre, sus constantes consejos y revisiones para que el libro tuviera el carácter divulgativo que se pretendía desde un principio, además de su apoyo para encontrar el tiempo necesario para escribirlo. Ella ha tenido mucho que ver en lo que finalmente es este libro.

Índice

Prólogo

Internet se ha convertido en parte de las vidas de más de 1.300 millones de personas. Bob Kahn y yo la diseñamos hace más de 35 años y la pusimos al servicio de una comunidad de usuarios académicos hace 25 años. Con los años, especialmente con la introducción de la World Wide Web de Sir Tim Berners-Lee, Internet se ha convertido en una fuente global de información y servicios sin precedentes en la historia de la humanidad.

Con este libro, Ismael Nafría ha catalogado algunas de las más importantes aplicaciones que se pueden encontrar en la Internet de hoy. Es importante que los lectores sepan que mañana se pueden haber desarrollado otras muchas. El diseño de Internet invita a la invención y exploración de nuevas ideas y aplicaciones. En sí misma, la red es básicamente agnóstica respecto a las aplicaciones, de manera que los inventores pueden simplemente introducir nuevas aplicaciones en Internet y ver si funcionan. Los usuarios son libres de probarlas como quieran. El principio «end-to-end» de Internet dice básicamente que los contenidos de los paquetes de Internet son opacos a los *routers* que configuran el sistema y son visibles e interpretables sólo por el software que se encuentra en los extremos de la red (los clientes y servidores o iguales). Este principio ha sido el centro del motor de innovación que ha impulsado el desarrollo de internet desde sus inicios.

La población mundial supera los 6.500 millones de personas, de manera que todavía quedan muchos millones de usuarios por incorporar a Internet. Esto significa, por lo tanto, que Internet seguirá evolucionando y produciendo nuevas aplicaciones durante muchos años más. Además, nuevos usuarios traerán nueva información y nuevas demandas al entorno de Internet. Los asiáticos, que actualmente ya representan el mayor grupo individual de usuarios (alrededor de 460 millones), tendrán influencia sobre el contenido, las aplicaciones y los servicios de Internet según empiecen a contribuir con su propia información al sistema. Los usuarios europeos representan el segundo mayor grupo de Internet y sus necesidades e intereses son ya muy visibles en la World Wide Web.

En 2008, Internet está empezando a experimentar la transformación más significativa de su historia. La introducción del IPv6 (una nueva versión del protocolo de Internet para ampliar el número de direcciones únicas de la Red); la introducción de los Nombres de Dominio Internacionalizados, de manera que los usuarios puedan registrar dominios en un alfabeto distinto al latino, y la introducción de registros de nombres de dominio firmados digitalmente representan cambios y añadidos significativos. De algún modo, el libro que tienes en tus manos es el primer capítulo de una historia más larga: la del futuro de Internet.

VINT CERF
McLean VA (EE.UU.)
Febrero 2008

Introducción

Internet es como un inmenso continente en el que podemos encontrar de todo. Un territorio por el que circulan ya más de mil millones de personas y en el que hay innumerables lugares a visitar. ¿Cómo descubrir cuáles son los que más nos interesan? ¿Cómo nos podemos orientar para no perdernos en la maraña de la World Wide Web?

Esto es precisamente lo que pretende este libro: servir de guía práctica para que descubras cuáles son las webs más útiles, aquellas que pueden hacerte la vida más fácil en múltiples circunstancias: en el trabajo, en tu tiempo de ocio, con tu familia y amigos. Las que encontrarás en estas páginas son webs que puedes recomendar con absoluta confianza a tus familiares y amigos. ¡Seguro que en muchos casos les harás un gran favor!

Internet está integrándose cada vez más en nuestra vida diaria. Utilizamos la red para infinidad de asuntos: para preparar nuestros viajes, para formarnos, para comprar, para comunicarnos con familiares, amigos y compañeros de trabajo, o para crear, publicar y compartir contenidos de todo tipo (vídeos, fotos, textos...). En este libro conocerás cuáles son los mejores recursos existentes en la red para realizar éstas y otras muchas actividades.

La web se ha convertido en una potentísima herramienta práctica que nos simplifica la vida y nos abre posibilidades que hace apenas unos años eran inimaginables. De ahí el título de este libro: *Internet es útil.* Esa es la idea básica que subyace en la selección de todas las webs analizadas. Descúbrelas y haz que internet sea, de verdad, un gran aliado en tu día a día.

Y si quieres hacernos llegar tus propias sugerencias o tus comentarios sobre las páginas seleccionadas en el libro, siempre puedes hacerlo a través de la web www.internetesutil.com, donde encontrarás abundante información complementaria.

¡A navegar!

Madrid, abril de 2008

¿Qué hacemos los usuarios en Internet?

Internet, como podrás comprobar a lo largo de las páginas de este libro, sirve para muchas cosas: para comunicarnos, para buscar información sobre cualquier tema, para comprar, para divertirnos, para establecer nuevas relaciones, para estar al día con las noticias, para preparar viajes...

A lo largo de la historia de la web, que empezó en el año 1991, se han hecho muchos estudios en distintos países para saber cuáles son los servicios más utilizados por los usuarios de Internet.

Aunque los resultados de los diferentes estudios no siempre son coincidentes –cada mercado tiene sus propias características–, sí se observan ciertas tendencias comunes que nos dan una idea bastante aproximada de cuáles son las actividades favoritas de los usuarios.

En el caso español, los datos más recientes son los ofrecidos por el «Estudio sobre actividades realizadas en Internet 2007»[1], del Observatorio de Red.es, que indican que los principales usos de internet pueden resumirse en dos: búsqueda de información y comunicación.

El listado completo de las principales actividades analizadas en este estudio es el siguiente:

1. Véase en http://observatorio.resd.es/estudios/documentos/actividades_internet_2007.pdf

Actividad	% de usuarios
Buscador	78,8%
Correo electrónico	75,3%
Consulta de noticias	67,2%
Mensajería instantánea	55,7%
Ayudas al estudio	50,2%
Descarga de software	45,4%
Descarga de música	44,5%
Descarga de otros ficheros	44%
Información sobre salud	42,6%
Visita webs Administraciones Públicas	40,4%
Chat	37,7%
Descargas de vídeos	37,4%
Visita webs Ayuntamientos	35,6%
Foros	34,6%
Consultas bancarias	32,3%
Juegos en Red	28,4%
Compras viajes/vacaciones	26%
Formación online	18,2%
Lectura de blogs	17,4%
Operaciones bancarias/financieras	16,6%
Compra entradas espectáculos	16,4%
Tranferencia vía FTP	16,2%
Videoconferencia	15,3%
Otras compras	14,1%
Llamadas telefónicas	13,5%
Compra libros/revistas/música/vídeo	12,7%
Escribir en blog personal	8,9%

Otro estudio[2], en este caso realizado por el Instituto Nacional de Estadística (INE) en 2007, indica que los principales servicios de internet utilizados por motivos particulares por los usuarios españoles son los siguientes:

Recibir o enviar correo electrónico	81%
Búsqueda de información sobre bienes y servicios	80%
Utilización de servicios relacionados con viajes y alojamientos	64%
Chat y mensajería intantánea	52%
Actividades de ocio (descarga o uso de juegos, música, imágenes, películas...)	48%
Obtención de información de páginas web de la administración	48%
Lectura o descarga de periódicos o revistas de actualidad online	46%
Buscar información sobre educación, formación o cursos	43%
Buscar información sobre salud	41%
Descargar software	40%
Consultar Internet para algún tipo de aprendizaje	37%
Escuchar radio o ver televisión vía Internet	32%
Banca electrónica y actividades financieras	31%
Compras	25%
Buscar empleo	19%
Telefonear a través de Internet o videoconferencias	16%
Realizar cursos por Internet	9%

2. «Encuesta sobre Equipamiento y Uso de Tecnologías de Información y Comunicación en los Hogares», INE. Octubre 2007.
http://www.ine.es/inebase/cgi/um?M=%2Ft25%2Fp450&0=inebase&N=&L=0

En Estados Unidos, una de las entidades que realiza de manera regular estudios más completos sobre el comportamiento de los usuarios de internet es el Pew Internet & American Life Project.

La siguiente lista muestra las principales actividades realizadas por los usuarios de Estados Unidos según diversos estudios realizados por el Pew Internet Project. Hay que tener en cuenta que no todos los estudios fueron realizados en las mismas fechas, por lo que no todos están actualizados (por ejemplo, algunos datos son de 2005 ó 2006):

Enviar o recibir correo electrónico	91%
Utilizar un buscador para encontrar información	91%
Buscar un mapa o rutas de coche	86%
Buscar información sobre una afición o un tema de interés	83%
Buscar información sobre salud	80%
Investigar sobre un producto o servicio antes de comprarlo	78%
Información meteorológica	78%
Obtener información sobre viajes	73%
Consultar noticias	72%
Comprar un producto	71%
Visitar una web gubernamental (local, estatal o federal)	66%
Comprar o hacer una reserva de viaje	63%
Navegar por diversión	62%
Buscar una escuela o un centro de formación	57%
Mirar un vídeo o escuchar un audio	56%
Buscar información del tipo «Hazlo tú mismo» o «Cómo...»	55%
Buscar un número de teléfono o dirección postal	54%
Realizar un tour virtual de algún lugar	51%

Buscar información para el trabajo	51%
Buscar trabajo	46%
Consultar resultados e información deportiva	45%
Buscar información sobre escuelas o universidades	45%
Banca online	43%
Descargar juegos, películas o fotos	42%
Consultar información financiera (como la bolsa)	41%
Utilizar la mensajería instantánea	39%
Leer blogs	39%
Bajarse programas	39%
Pagar facturas	38%
Subir fotos para compartirlas con otros usuarios	37%
Buscar información en la Wikipedia	36%
Buscar información religiosa o espiritual	35%
Jugar online	35%
Escuchar música online	34%
Ver vídeos en sitios como YouTube	34%
Evaluar online un producto, un servicio o a otro usuario	32%
Consultar anuncios clasificados online	30%
Escuchar la radio	29%
Categorizar o etiquetar contenido online (foto, noticia, blog)	28%
Buscar información sobre alguien a quien vamos a ver	28%
Participar en una subasta online	27%
Compartir archivos de nuestro equipo con otros usuarios	27%
Bajar música	27%
Buscar información genealógica familiar	25%
Bajar salvapantallas	23%
Chatear	22%

Bajarse juegos de ordenador	21%
Bajarse vídeos	19%
Crear contenido para Internet	19%
Hacer un donativo online	18%
Ver imágenes en directo a través de una webcam	17%
Utilizar material de Internet para nuestras propias creaciones	17%
Pagar por contenido digital	17%
Utilizar una red social	16%
Vender algo a través de Internet	15%
Visitar una web con contenidos para adultos	13%
Asistir a una clase online por placer	13%
Comprar o vender acciones	13%
Bajarse un podcast para escucharlo posteriormente	12%
Enviar o recibir una invitación online	12%
Asistir a una clase online para obtener un título	12%
Visitar una web de contactos personales	11%
Crear un avatar (representación online de uno mismo)	9%
Realizar una llamada por teléfono online	8%
Crear tu propio blog	8%
Bajarse o compartir contenidos para adultos	4%

Fotografía digital

Edita gratis tus fotos en internet

¿No dispones en tu equipo de programas de edición gráfica como **Photoshop** o **Fireworks**? Eso no quiere decir que no puedas editar tus fotos casi como un profesional.

En internet existen distintas webs que nos ofrecen esta posibilidad de manera **gratuita**. Son páginas que ponen a tu disposición su editor de fotos para que puedas tratar y mejorar tus imágenes directamente a través de la web, sin necesidad de bajar e instalar en tu ordenador ningún programa.

Picnik es útil si no disponemos de Photoshop o algún otro programa de edición de imágenes y estamos buscando una herramienta gratuita y fácil de usar que nos permita mejorar nuestras fotos de manera sencilla y eficaz. Un servicio espectacular y muy recomendable.

Picnik

www.picnik.com

Picnik es una herramienta *online* de edición de fotos que ofrece un servicio realmente **espectacular, práctico y muy fácil de utili-**

zar. Es, sin lugar a dudas, uno de los ejemplos más avanzados y mejor resueltos de lo que puede ofrecer una aplicación web.

Tras entrar en Picnik, para editar nuestras fotos seguiremos los siguientes pasos:

1. Seleccionamos la imagen a editar

Para empezar tenemos que escoger la foto que queremos editar, que puede estar guardada en nuestro ordenador o publicada en distintas webs de fotografía como **Flickr, Picasa, Webshots, Facebook** o **Photobucket** (estos servicios se analizan en el siguiente apartado del libro).

2. Editamos la imagen

Una vez subida la foto a Picnik (el proceso de subida de la foto puede tardar un poco, en función del peso de la imagen), podemos empezar a editarla. Picnik nos permite, por ejemplo, mejorar la foto de forma automática, con un solo clic; rotarla, cortarla o modificar su tamaño; variar el brillo y contraste de la imagen, controlar los colores, perfilarla o eliminar el efecto de ojos rojos, entre otras opciones.

Además, podemos aplicar distintos efectos a la imagen (blanco y negro, sepia y otros), añadirle texto o dibujos o ponerle un marco.

Siempre podemos volver atrás tantos pasos como queramos si no nos gusta el resultado logrado. Y en cualquier momento podemos hacer zoom y movernos por la imagen para ver mejor los detalles.

3. Guardamos la foto

Cuando hemos logrado la imagen que nos interesa, la podemos guardar (en distintos formatos gráficos) en nuestro equipo o en cualquiera de los servicios fotográficos mencionados anteriormente. También la podemos enviar directamente a otras personas por correo electrónico.

Para utilizar Picnik no es necesario registrarse, aunque hacerlo permite personalizar el servicio. La web funciona con **cualquier navegador** web (Internet Explorer, Firefox, Safari, etc.) y en cualquier **plataforma** (PC, Mac o Linux).

Picnik cuenta con una versión *premium* por 24,95 dólares al año que ofrece herramientas avanzadas de edición además de fuentes tipográficas y efectos adicionales. En cualquier caso, **la versión gratuita es muy completa** y más que suficiente para la mayor parte de usuarios.

Idiomas: Picnik está disponible en español, inglés y otros idiomas.

Otras webs de edición de fotos online:

Existen varias alternativas a Picnik que ofrecen también un excelente servicio. No dejes de visitarlas para ver cuál se ajusta más a tus necesidades y preferencias:

splashup

SplashUp: www.splashup.com

Antes llamada Fauxto. Con ella se trabaja de un modo similar al que lo haríamos con un programa como PhotoShop.

Snipshot
Edit pictures online

Snipshot: www.snipshot.com

Ofrece funcionalidades muy similares a las de Picnik. Sin duda, una buena alternativa.

PIXENATE
photos made easy

Pixenate: www.pixenate.com

Otro buen editor de fotos online que cuentan con múltiples posibilidades, aunque de uso algo más complicado.

FotoFlexer: www.fotoflexer.com
Una buena elección si queremos aplicar efectos divertidos y espectaculares a nuestras imágenes. Cuenta con versión en español.

Phixr: www.phixr.com
Tiene versión en español.

Estos servicios **son útiles** porque nos permiten mejorar nuestras fotos sin tener que gastar dinero en un programa de edición de imágenes

Guarda y comparte tus fotos en internet

Guardar las fotos en álbumes fotográficos tradicionales, de papel, sigue siendo una buena opción para muchas personas. Para otras, guardarlas en el PC o en CDs es la solución preferida. Pero estas opciones tienen muchas limitaciones de todo tipo si lo que queremos es tener nuestras imágenes siempre disponibles y poderlas compartir fácilmente con otros usuarios.

En Internet podemos publicar de manera gratuita –o a un precio muy económico– nuestras cada vez más habituales colecciones de fotografías digitales, tanto para archivarlas y ordenadas en álbumes como para compartirlas con familiares y amigos o con cualquier otro usuario de Internet.

La mayor parte de webs que ofrecen estos servicios permiten también encargar copias impresas de las fotos, hacer tarjetas y calendarios o preparar otros regalos con nuestras imágenes.

Durante estos últimos años no ha parado de crecer el uso y la popularidad de estos servicios, coincidiendo con el imparable aumento del número de usuarios de la fotografía digital.

¿Quién no dispone hoy de una cámara digital, aunque sea muy sencilla, o de un móvil con cámara?

Entre las webs más útiles y prácticas para publicar nuestras fotos se encuentran las siguientes:

Flickr

www.flickr.com

No es extraño que Flickr se haya convertido en poco tiempo en **una de las webs más utilizadas de Internet** ni que en su momento atrajera la atención del portal Yahoo!, que la compró para incorporarla a su red de servicios.

Flicks es útil para compartir fácilmente nuestras fotos con amigos y familiares y para tenerlas organizadas por álbumes o palabras clave.

Y no es extraño porque Flickr ha conseguido, gracias a su enorme **facilidad de uso,** popularizar la publicación de fotos en internet hasta límites que nadie había alcanzado anteriormente, marcando en cierto modo las pautas seguidas luego por otros servicios similares (algunos de los cuales se incluyen en este libro).

Básicamente en Flickr se pueden hacer dos cosas:

- **publicar fotos en la red** para que otros usuarios las puedan ver (de manera pública o privada)
- **organizar esas fotos** de múltiples formas: mediante sistemas tradicionales como los álbumes o las colecciones de álbumes o con fórmulas más novedosas como las etiquetas o *tags*.

Flickr ofrece la opción de subir fotos de distintos modos: a través de la web, desde dispositivos móviles o desde el PC del usuario mediante programas de administración de fotos digitales. Flickr cuenta con su propio **programa de carga de fotos** desde el ordenador, llamado Uploadr.

Las imágenes se pueden publicar en la web de Flickr, en blogs (creados con aplicaciones como **Blogger, Moveable Type, Typepad** o **LiveJournal**, entre otros) o en otras páginas de Internet utilizando el sistema RSS de sindicación de contenidos para distribuir automáticamente las imágenes.

En Flickr podemos **compartir** nuestras imágenes como queramos. Para cada foto podemos establecer controles de **privacidad** para decidir quién puede verla y quién no. Adicionalmente también podemos determinar una **licencia de uso** para cada una de nuestras imágenes (es decir, especificar las condiciones en que nuestras fotos pueden ser utilizadas por otros usuarios).

Todas las fotos pueden **etiquetarse** (poner palabras clave que definen la foto, como por ejemplo el tema o su localización) con el objetivo de facilitar su organización y localización. Los usuarios pueden realizar **comentarios y anotaciones** en cualquier fotografía, salvo que su propietario establezca lo contrario.

Una de las opciones que ofrece Flickr es la de geolocalizar o ubicar las imágenes sobre mapas, sobre el lugar exacto en que las fotos fueron tomadas. Esta opción permite descubrir otras imágenes captadas por otros usuarios en ese mismo punto.

Cuentas gratuitas y de pago

¿Cómo empezar a publicar nuestras fotos en Flickr? Lo primero que tenemos que hacer es abrir una cuenta gratuita en **Yahoo!**, que es el propietario de Flickr. Si ya somos usuarios registrados de Yahoo!, nos conectaremos usando esa identidad.

Con esa cuenta gratuita podemos empezar a subir y publicar fotos rápidamente. La **cuenta básica gratuita** de Flickr da derecho a subir un máximo de 100 MB al mes (con un peso máximo de cada foto de 5 MB). Esto significa que si cada foto pesa 1 MB, podremos publicar hasta 100 imágenes al mes. Si queremos subir más fotos sin contratar el servicio de pago, es recomendable reducir el peso de las imágenes antes de subirlas. En total podemos crear tres álbumes y las fotos que se mostrarán serán sólo las 200 más recientes.

Si queremos más servicios, debemos optar por la **cuenta de pago** de Flickr, que cuesta **24,95 dólares al año** y permite cargar y almacenar tantas fotos como queramos (el peso máximo de cada foto es de 10 MB). A la hora de clasificarlas, podemos crear tantos álbumes como necesitemos.

Una vez publicadas las fotos, tenemos la opción de invitar a familiares y amigos para que las vean y, si quieren, añadan sus comentarios. Además se pueden crear **grupos privados** (por ejemplo, para acontecimientos específicos como una boda) o grupos públicos sobre aquellos temas que nos interesen. Si no hemos establecido restricciones, nuestras fotos estarán visibles para cualquier usuario de internet.

Idiomas: Flickr puede utilizarse en español, inglés y otros seis idiomas.

Picasa

picasa.google.com

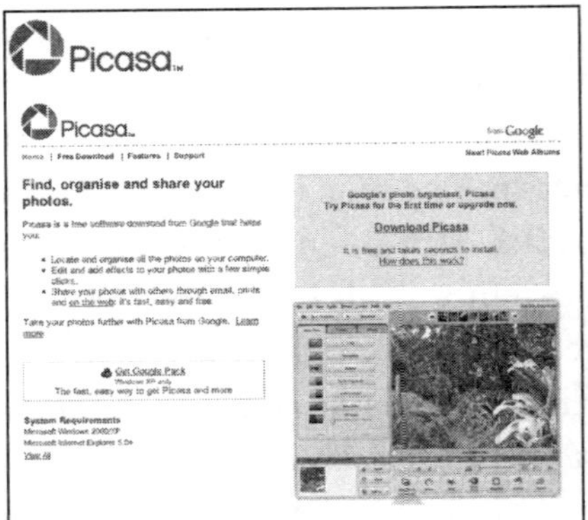

Picasa es útil para organizar fácilmente y compartir con otros usuarios un gran número de fotos sin tener que pagar nada.

Picasa es un programa gratuito ofrecido por **Google** que, una vez descargado e instalado en nuestro equipo, sirve para localizar y **organizar** las fotos que tenemos en el PC, **editarlas** de manera sencilla y **compartirlas** con otros usuarios a través del correo electrónico y la web.

Con Picasa podemos crear **álbumes** y **etiquetar** las fotos para organizarlas. Una misma foto puede pertenecer a distintos álbumes. Aquellas fotos que más nos gusten las podemos marcar con una estrella.

A la hora de publicar nuestras fotos en la web para compartirlas con otras personas, Picasa nos ofrece de forma gratuita los llamados «**Picasa Web Albums**», que cuentan con una capacidad de por lo menos 1GB (lo que da para unas 4.000 fotos de resolución estándar).

Para disponer de Picasa Web Albums tenemos que crearnos una cuenta de Google (si tenemos **Gmail**, entonces ya contamos con ella).

Picasa permite trabajar de forma creativa con nuestras imágenes. Por ejemplo, podemos crear fácilmente una película con las fotografías que seleccionemos, preparar un salvapantallas y hacer un póster o un collage con nuestras fotos favoritas.

Es importante saber que Picasa funciona sólo con los sistemas operativos Windows 2000 o XP y con el navegador Internet Explorer.

Idiomas: Picasa está disponible en español, inglés y otras nueve lenguas.

Webshots

www.webshots.com

Webshots es útil por su facilidad de uso y por la capacidad de almacenamiento de fotos que ofrece su servicio gratuito.

Webshots es otra de las opciones existentes en internet para almacenar y compartir nuestras fotos digitales. Ofrece un **servicio gratuito** que permite almacenar hasta 1.000 fotos inicialmente, más otras 100 adicionales cada mes, y con un **servicio de pago** (2,49 dólares al mes) con el que podemos subir hasta 5.000 fotos y otras 500 nuevas cada mes.

Para poder organizar y gestionar las fotos *online* directamente desde el escritorio del PC, Webshots ofrece gratuitamente su programa **Webshots Desktop**.

A finales de 2007 Webshots tenía almacenadas 520 millones de fotos, con una media de 750.000 nuevas fotos subidas cada día.

Idiomas: inglés.

Otras webs:

Panoramio: www.panoramio.com
Servicio adquirido por Google en 2007 en el que se combinan de manera muy práctica las fotos de los usuarios con los **mapas de Google.** Ofrece hasta **2 GB de espacio gratuito** para almacenar las fotos y nos permite crear nuestro propio mapa del mundo con las fotos posicionadas allí donde las hicimos. Panoramio, que fue creado en 2005 por los emprendedores españoles Joaquín Cuenca y Eduardo Manchón, está disponible en español.

Facebook: www.facebook.com
Facebook es la red social de mayor crecimiento en todo el mundo. Entre sus utilidades se encuentra la publicación de fotos digitales que se pueden compartir con aquellos usuarios que forman parte de tu red personal.

Shutterfly: www.shutterfly.com
Es uno de los servicios estadounidenses de fotografía digital más premiado. Fue fundado en 1999 y entre sus productos estrella se encuentra el **Photo Book** (libros de fotos impresos en alta calidad).

Photobucket: www.photobucket.com
Photobucket es un servicio web que facilita la publicación de nuestras fotos o vídeos en blogs y redes sociales. Ofrece **gratis 1 GB de capacidad** de almacenamiento de fotos (que no pesen más de 1 MB). La cuenta de pago ofrece 5 GB. Es una de las páginas de mayor uso entre los usuarios de Estados Unidos.

Fotolog: www.fotolog.com
Muy utilizado en diversos países latinoamericanos, es un servicio para compartir fotos mediante el formato **blog.**

Snapfish: www.snapfish.com
Filial de la compañía Hewlett-Packard, cuenta con versión española. Ofrece servicios de revelado, almacenamiento de fotos (gratuito) y tienda de productos realizados con nuestras imágenes.

Crea tu libro o álbum de fotos impreso

A través de Internet podemos crear y comprar un libro o álbum de fotos impreso, lo que puede convertirse en un excelente regalo o un bonito recuerdo familiar. Éstas son algunas de las webs que ofrecen este servicio:

myPIX.com

www.mypix.com

Es una de las webs de **revelado de fotos** digitales más importante de Europa. Ofrece además servicios de **almacenamiento** de fotos (gratis e ilimitado) y de **personalización de productos** con fotos (tazas, calendarios, ropa, relojes, bisutería, agendas, artículos para la oficina, etc).

Entre los productos que pueden encargarse en myPIX.com se encuentran los **libros de fotos.** Existen varios tamaños posibles, desde mini libros de 10,5 × 8 cm hasta libros tamaño A4, y también distintos formatos para la composición de los libros.

myPIX.com está presente en once países europeos y cuenta con un laboratorio de más de 7.000 metros cuadrados con una capacidad de revelado de más de un millón de fotos al día. La web pertenece al Grupo DSG International, propietario entre otras marcas de la cadena británica Dixons, de las tiendas PC City y de la tienda de productos de electrónica **Pixmania.com.**

Idiomas: español y los principales idiomas europeos.

Kodak Gallery

www.kodakgallery.com
www.kodakgallery.com.es

El servicio fotográfico que ofrece Kodak en internet está centrado en facilitar a sus usuarios la compra de **copias impresas** y **otros productos** realizados a partir de sus fotos digitales.

Por ejemplo, se pueden crear y comprar calendarios de fotos, tarjetas e invitaciones, juegos, ropa (gorras, camisetas, bolsas, baberos...), tazas, productos de cristal o libros de fotos (de tamaño mini, normal o grande).

Idiomas: español e inglés, entre otros.

Otras webs:

Hofmann: www.hofmann.es

Para diseñar los libros nos tenemos que bajar e instalar su programa de maquetación.

Foto.com: www.foto.com

Ofrece revelado de fotos y otros productos (libros, calendarios, pósters...)

Fotoprix: www.fotoprix.com

Servicio de revelado online, fotolibros y otros regalos.

Estas webs son útiles si queremos imprimir nuestras fotos digitales a buen precio o queremos crear impactantes libros de fotos y otros regalos fotográficos totalmente personalizados.

■ Vídeo ■

Edita, publica y comparte vídeos en Internet

En Internet se está produciendo una auténtica explosión del vídeo online por la confluencia de diversos factores.

Por un lado, al igual que sucede con las fotos, cada vez son más las personas que disponen de cámara de vídeo digital y que quieren compartir sus creaciones con otros usuarios. Internet ofrece toda una serie de recursos que lo hacen posible.

Por otro lado, la mejora de las conexiones a Internet (la banda ancha) ha hecho posible que trabajar con el vídeo no sea una tarea imposible, como sucedía hace apenas unos años. Así, tanto ver vídeos como subirlos a una página web o incluso editarlos es ya perfectamente posible con una conexión de banda ancha básica (por ejemplo, ADSL de 1 MB).

Estas son algunas de las webs más útiles e interesantes en el ámbito del vídeo:

YouTube.com

www.youtube.com

YouTube es útil cuando queremos encontrar, ver y compartir vídeos *online* sobre cualquier tema o queremos publicar totalmente gratis nuestros propios vídeos, incluso insertándolos en nuestro blog.

YouTube es la web de vídeos más utilizada de Internet y uno de los servicios online que ha experimentado un mayor crecimiento durante los últimos tres años. YouTube, propiedad del buscador Google, se ha convertido en una de las mejores expresiones del fenómeno de la **Web 2.0**, la web participativa.

En YouTube podemos hacer básicamente dos cosas: **ver vídeos** colgados en la web por otros usuarios y **publicar nuestros propios vídeos**. Todo ello de manera **gratuita**.

Para localizar y ver los vídeos que más nos interesan, tenemos distintas opciones. Por un lado, podemos utilizar el **buscador** poniendo las palabras clave para la búsqueda. Ésta es posiblemente la manera más rápida de encontrar un vídeo si sabemos bien lo que queremos.

Pero si preferimos ver vídeos de manera más general, entonces tenemos muchas otras opciones: **navegar** por los vídeos destacados en portada o por las distintas secciones que ofrece YouTube, en las que podemos ordenar los vídeos siguiendo distintos criterios: **los más vistos**, los más comentados o los más enlazados, entre otras opciones, y siempre en un periodo de tiempo determinado (hoy, esta semana, este mes o siempre).

YouTube ofrece también **canales** de vídeos ofrecidos por distintos proveedores, tanto cadenas profesionales de televisión como usuarios individuales, que utilizan YouTube como una plataforma de marketing para darse a conocer.

Todos los vídeos pueden comentarse y valorarse. Las etiquetas utilizadas para describir cada vídeo ofrecen también un método alternativo de navegación.

En YouTube encontramos información descriptiva sobre cada vídeo y datos sobre el número de veces que ha sido visto, comentado o enlazado. La posibilidad de insertarlo en nuestra propia página o blog (simplemente copiando un código) y vídeos relacionados.

Los vídeos de YouTube los podemos ver tanto en su página como en miles de **blogs** y otras páginas que utilizan este servicio para publicarlos. Si tenemos o encontramos un vídeo en YouTube que queremos insertar en nuestro blog, basta con que copiemos en la entrada correspondiente el código que nos ofrece YouTube.

Subir vídeos

Publicar nuestros propios vídeos en YouTube es gratuito. Para ello tenemos que crear una cuenta de usuario y, una vez tenemos editado el vídeo, lo podemos empezar a subir. YouTube admite vídeos de un máximo de 10 minutos de duración y que no pesen más de 100 MB (si utilizamos la herramienta YouTube Uploader, entonces el límite aumenta hasta 1 GB). Además, deben estar en alguno de los formatos que acepta el sistema (WMV, AVI, MOV y MPG).

Para cada vídeo determinaremos un título, una descripción, unas etiquetas y una categoría. Cuanta más información facilitemos, más fácil será que otros usuarios puedan encontrarlo. También especificaremos si queremos que el vídeo sea público o privado. Una vez le demos al botón de «subir», el vídeo se empezará a enviar a YouTube. Este proceso será más o menos largo en función del peso del vídeo y de nuestra conexión a internet.

YouTube ofrece también una herramienta llamada **Remixer** (www.youtube.com/ytremixer) que permite editar nuestros vídeos.

Idiomas: YouTube está disponible en español, entre otros muchos idiomas.

Jumpcut

www.jumpcut.com

Jumpcut, web perteneciente a **Yahoo!**, es una potente y sencilla herramienta que nos permite subir vídeos a Internet, editarlos y compartirlos con otros usuarios.

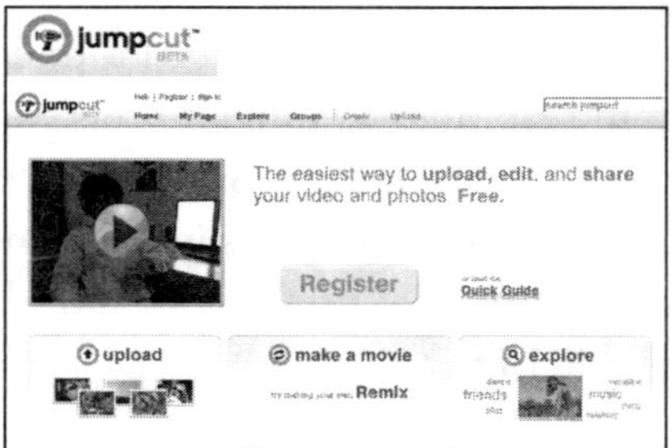

Jumpcut es útil si quieres editar tus propios vídeos y subirlos gratis a internet para compartirlos con otros usuarios

Una vez registrados en Jumpcut, podemos empezar a **crear nuestras propias películas**. Lo primero que hay que hacer es seleccionar y subir un vídeo (también podemos trabajar con audios o fotografías). El vídeo puede estar en nuestro PC o en la cámara digital. Jumpcut también nos permite enviar vídeos por correo electrónico.

A continuación ya podemos empezar a trabajar con el editor de vídeo proporcionado por Jumpcut. Como otros programas de edición de vídeo, basta con **arrastrar y soltar** los vídeos o fotos que tengamos almacenados en nuestra biblioteca para editarlos. Entre otras opciones, podemos añadir audio, crear transiciones e introducir títulos y otros efectos.

Además de trabajar con nuestras propias imágenes, Jumpcut nos permite también utilizar en nuestras creaciones material autorizado y compartido por otros usuarios.

Una vez tengamos la película terminada, sólo nos queda **publicarla**. Para ello, Jumpcut nos pedirá que le pongamos un título, que introduzcamos palabras clave y una breve descripción del vídeo, y que definamos si el vídeo es público o privado. Para dar a conocer el vídeo, podemos enviar un aviso por correo electrónico a las personas que queramos y enviar el vídeo a un grupo.

Además de publicar nuestro vídeo en la web de Jumpcut, podemos también utilizarlo en **nuestro blog** o en cualquier otra página simplemente copiando y pegando el **código** que nos proporciona el sistema. Para algunos sitios (MySpace, Facebook, Blogger, TypePad, WordPress, Digg y del.icio.us) el proceso de publicación ha sido automatizado y sólo hay que hacer clic en un botón para subirlos.

Otras webs de vídeo:

Metacafe: www.metacafe.com

Fundada en 2003, Metacafe se ha convertido en una de las principales webs de **vídeo independiente.** Utiliza una tecnología propia, **VideoRank,** para determinar qué vídeos son los más interesantes para los usuarios. En Metacafe se ofrece un espacio llamado «**Studio**» (studio.metacafe.com) con interesantes e útiles recursos formativos para aquellos que queráis aprender más sobre el mundo del vídeo digital (disponible en inglés). A finales de 2007 contaba con más de 25 millones de usuarios al mes.

DailyMotion: www.dailymotion.com
Se podría decir que, de algún modo, DailyMotion es la **alternativa europea** a YouTube. Fue lanzada en Francia en marzo de 2005 y ofrece utilidades muy similares a las de la web de vídeos de Google. Cuenta con versión en español, entre otros muchos idiomas.

VEOH: www.veoh.com
Veoh ofrece un sistema para ver vídeos en **alta calidad y pantalla completa** en nuestro ordenador. Para utilizarlo debemos descargarnos su *player* o reproductor de vídeo e instalarlo en nuestro equipo.

Joost: www.joost.com
Otra oferta para transformar la pantalla de nuestro ordenador en una **televisión a la carta.** Joost, compañía creada por Janus Friis y Niklas Zennström –los emprendedores que en su día fundaron el servicio de intercambio de música Kazaa y la web de telefonía por Internet Skype–, ofrece una amplia parrilla de programación gratuita procedente de distintos canales. Para utilizarlo, tenemos que descargarnos su reproductor de vídeo en nuestro ordenador. Una de las características destacadas de Joost son sus herramientas participativas, que permiten por ejemplo que sus usuarios comenten entre ellos el programa que están viendo. Joost basa su modelo de negocio en la publicidad.

Crea un libro animado a partir de un vídeo

FlipClips:

www.flipclips.com

¿Estás pensando en un **regalo original?** Prueba a hacer un **libro animado** –esos pequeños libros que ofrecían una imagen animada al pasar rápidamente las páginas– con el vídeo que tu elijas.

Motionbox:

www.motionbox.com

Esta web ofrece un sistema sencillo de edición de vídeo online. También permite crear libros animados («flipbooks»).

■ Aplicaciones ofimáticas ■

Crea documentos de texto, hojas de cálculo o presentaciones online

Ya no es necesario tener instalado en nuestro ordenador personal un procesador de textos (como por ejemplo **Word**, de **Microsoft**) para crear documentos, guardarlos y trabajar con ellos con otros usuarios.

En la web existen varios servicios que nos permiten trabajar con las **herramientas de ofimática más habituales** –documentos, hojas de cálculo o presentaciones– con el único requisito de que estemos conectados a Internet. Algunos de estos servicios son completamente **gratuitos**.

Así que olvídate de tener que ir guardando continuamente en una memoria USB esos documentos con los que tienes que trabajar para pasarlos de un ordenador a otro. Con estos servicios web, cualquier ordenador que esté conectado a Internet se convierte en tu nuevo lugar de trabajo.

Google Docs
docs.google.com

El buscador **Google** ofrece Google Docs, una **aplicación online gratuita** que permite crear y editar **documentos de texto** (tipo Word), **hojas de cálculo** (tipo Excel) y **presentaciones** (tipo PowerPoint) desde cualquier equipo conectado a la red. Google Docs se ha convertido en poco tiempo en la aplicación líder de este sector.

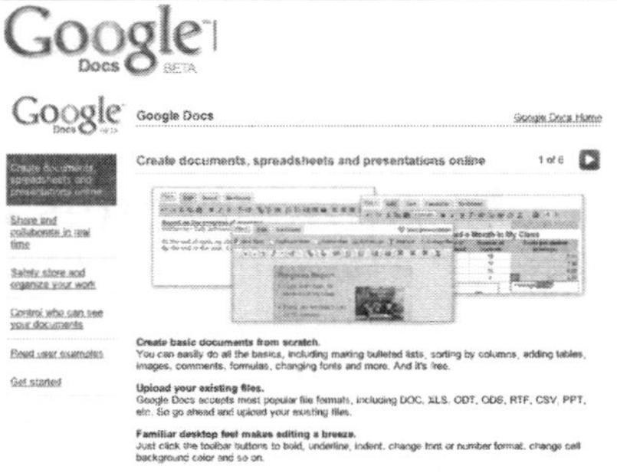

Google Docs es útil para crear textos, hojas de cálculo y presentaciones directamente en Internet sin necesidad de tener en nuestro PC programas para ello (como Word, Excel o PowerPoint). Los documentos los tendremos siempre disponibles en Internet para utilizarlos desde cualquier equipo.

Google Docs nos permite trabajar tanto con **documentos nuevos** como con **archivos ya existentes**. Los documentos creados, que quedan almacenados en Internet para seguir trabajando con ellos o consultarlos cuando queramos, pueden también descargarse a cualquier equipo en distintos formatos (Word y PDF entre otros).

Además, podemos permitir que **otros usuarios** lean o participen en la redacción del documento, lo que facilita el trabajo en **colaboración** sin necesidad de enviar archivos por correo electrónico y sabiendo que contamos siempre con la última versión actualizada de cada documento.

Para utilizar Google Docs tenemos que ser usuarios de Google. Si no lo somos, nos podemos registrar de manera gratuita.

Los documentos que vamos creando en Google Docs los podemos **organizar** en distintas carpetas. También tenemos un

buscador para localizar rápidamente cualquier documento que contenga la información que estemos buscando.

Una vez abierto el documento, podemos ir trabajando con él de un modo muy similar a como lo haríamos con los programas **Word, Excel** o **PowerPoint.** Si necesitamos que otras personas trabajen sobre ese mismo documento, sólo tenemos que compartirlo con ellas. Para ello, indicaremos su dirección de correo electrónico para invitarlas a participar, lo que podrán hacer como colaboradores (con permiso para editar los documentos) o simplemente como lectores.

Si nos interesa, también podemos **publicar en Internet** el documento que hemos creado. Google Docs nos ofrece la opción de publicarlo en su propio servicio (nos facilitará una dirección para que la podamos compartir con otros usuarios) o en nuestro blog.

También podemos trabajar con documentos ya creados y que tenemos en nuestro equipo. En este caso, Google Docs permite **subir archivos** de texto de un máximo de 500 KB (creados con Word o StarOffice), presentaciones PowerPoint de un máximo de 10 MB y hojas de cálculo (archivos de Microsoft Excel o en formato .csv y .ods) de un máximo de 1 MB.

Otra opción que ofrece Google Docs para crear un nuevo documento es enviar un mensaje de correo electrónico a una dirección personal facilitada por la aplicación.

Google Docs **guarda automáticamente** cada pocos segundos los documentos creados por los usuarios. De esta manera no hay que preocuparse por **perder la información** si se cuelga el equipo, se va la luz o se pierde la conexión a Internet.

Idiomas: entre otros, el servicio está disponible en español e inglés.

Zoho

www.zoho.com

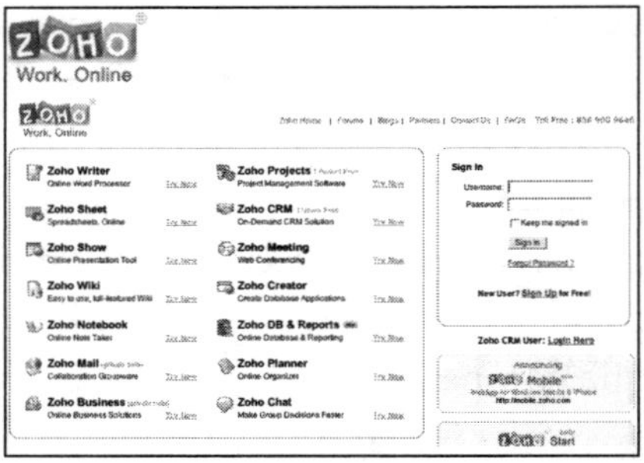

Zoho es actualmente la principal alternativa a Google Docs. Se trata de una web que ofrece una larga lista de **aplicaciones gratuitas online** entre las que se encuentran las siguientes:

– **Zoho Writer** (para crear documentos de texto)
– **Zoho Sheet** (hojas de cálculo)
– **Zoho Show** (presentaciones)
– **Zoho Meeting** (conferencia vía web)
– **Zoho Notebook** (bloc de notas)
– **Zoho Creator** (creador de aplicaciones web)
– **Zoho Planner** (herramienta para organización)
– **Zoho Chat** (mensajería instantánea)
– **Zoho Wiki** (creación de wikis públicos o privados)

A estas aplicaciones hay que sumarle otras de **pago** como **Zoho DB & Reports** (base de datos online), **Zoho Mail** (para grupos de trabajo) o **Zoho Projects** (gestión de proyectos), entre otras.

Conceptualmente, el funcionamiento es muy similar al de Google Docs, aunque la oferta de Zoho es más amplia.

Alguna de las aplicaciones de Zoho, como Zoho Writer, están en parte traducidas al español.

Buzzword

www.buzzword.com

En el campo de los procesadores de texto, Buzzword ha dado un paso más para ofrecer a los usuarios una herramienta que intenta ser de **muy fácil manejo.**

Buzzword funciona sobre **Flash** (como sucede por ejemplo con el editor de fotos **Picnik** mencionado también en este libro), lo que permite trabajar de un modo **muy visual.**

Buzzword trabaja con las **utilidades básicas** que habitualmente utilizamos en un procesador de textos. Así, podemos crear y editar o modificar el tipo de fuente, los párrafos, las listas, las imágenes, las tablas y los comentarios. El aspecto del documento es siempre el mismo que tendría si lo imprimiésemos.

Los documentos creados con Buzzword los podemos compartir con otros usuarios. Todos los usuarios autorizados pueden acceder a los mismos desde cualquier ordenador conectado a Internet.

Esta aplicación pertenece a la compañía de software **Adobe,** propietaria también de programas tan conocidos como **Flash, Photoshop** o **Acrobat.** En su fase inicial de lanzamiento, la aplicación se ofrece de forma gratuita.

■ Publicar en Internet ■

Crea tu propio blog

Un blog o weblog es una página web que funciona como un **diario personal** en el que el autor va publicando contenidos en orden **cronológico**. La mayor parte de blogs son individuales, aunque también los hay colectivos, y generalmente están abiertos a los comentarios de otros usuarios.

Por su **gran facilidad de uso**, los blogs han supuesto una verdadera revolución en el ámbito de los contenidos digitales, al convertir en pequeños editores a millones de personas. En febrero de 2008 se contabilizaban ya más de 120 millones de blogs en todo el mundo.

En un blog podemos incluir textos, fotografías, vídeos o presentaciones, y lo más habitual es que haya **enlaces** a otras páginas de Internet. Los artículos (llamados «**entradas**» o «posts») suelen organizarse por **categorías**.

En Internet existen diversas **herramientas gratuitas** que han convertido en algo muy sencillo la creación y el mantenimiento de un blog. Entre las más destacadas se encuentran Blogger, WordPress y Vox

Blogger

www.blogger.com

Blogger permite tener un blog activo en apenas **un par de minutos.** Para ello hay que seguir tres sencillos pasos:

Blogger es útil para crear y mantener un blog de manera muy sencilla y completamente gratuita.

1. Crear una cuenta de **Google** (Blogger es uno de los muchos servicios que son propiedad de este buscador) o utilizar la que ya tengamos creada (si disponemos de una cuenta de correo en **Gmail,** ya tenemos una cuenta de Google).

2. Asignar el **nombre** que queramos al blog y decidir la **dirección web** (URL) que vamos a utilizar, que será del tipo http://nombredelblogoautor.blogspot.com en el caso de que queramos utilizar **Blogspot,** el servicio gratuito de alojamiento que ofrece Blogger. Si la dirección que nos interesa ya está utilizada, Blogger nos lo advierte para que escojamos otra. Si queremos, también podemos tener el blog alojado en otra dirección web, por ejemplo en **nuestro propio dominio** personal (del tipo www.minombre.com). Para ello utilizaremos la opción de «configuración avanzada».

3. Escoger la **plantilla** que más nos guste de entre las que nos ofrece Blogger

4. ¡Empezar a escribir y publicar… y esperar que lleguen visitas!

Con la misma cuenta podemos crear tantos blogs como queramos.

Idiomas: Blogger está disponible en más de 35 idiomas, entre ellos español y catalán.

WordPress

www.wordpress.com

WordPress.com es útil para crear de manera gratuita blogs muy completos. WordPress puede utilizarse también como herramienta gratuita de edición de páginas web más complejas.

WordPress es la **herramienta gratuita más completa para la creación de blogs.** Se trata de un proyecto de **software libre,** desarrollado de manera colaborativa por miles de programadores de todo el mundo.

Crear un blog con WordPress es un proceso **rápido y sencillo** que se resuelve en un único paso: registrarse en **WordPress.com.**

Sólo necesitamos facilitar un nombre de usuario, una contraseña y una dirección de correo electrónico. De manera automática obtendremos un blog que tendrá por defecto la dirección siguiente: http://nombredeusuario.wordpress.com.

El **título del blog** será el que nosotros queramos. Posteriormente, con la misma cuenta de usuario, podremos crear tantos blogs como deseemos. Cada nuevo blog tendrá la dirección que más nos interese, http://nombredeseado.wordpress.com... siempre que esté libre, claro está.

WordPress.com facilita por defecto una plantilla básica que

posteriormente podemos cambiar por cualquier otra de las ofrecidas por WordPress (accediendo al «Tablero» de control y al apartado «Presentación», donde podemos escoger la plantilla que más nos guste). Los usuarios más avanzados pueden usar sus propias plantillas.

El uso de WordPress es muy sencillo, aunque es aconsejable que los que lo utilicéis por primera vez dediquéis un rato a hacer pruebas y familiarizaros con las **múltiples opciones** que ofrece.

Para escribir y publicar las entradas podemos utilizar el **editor visual** que ofrece WordPress, que permite usar de manera sencilla **negritas** o *cursivas*, colocar fotos o establecer enlaces, entre otras posibilidades. Todas las entradas que escribamos pueden organizarse por **categorías.**

WordPress ofrece la opción de que nuestro blog sea **público** (cualquier usuario lo podrá leer) o **privado** (sólo podrán acceder al mismo aquellos usuarios a los que demos permiso).

La enorme potencia de WordPress convierte a este sistema de publicación de blogs también en una buena herramienta para la creación de **sitios web más complejos.** Para ello, sin embargo, será necesario un cierto grado de conocimientos de programación web.

El servicio de creación y hospedaje gratuito de blogs WordPress.com lo ofrece la compañía **Automattic,** fundada en agosto de 2005 por **Matt Mullenweg,** principal impulsor del software WordPress. Automattic ha creado otros servicios, como la herramienta contra el spam (mensajes basura) en los blogs **Akismet** o el software de foros **bbpress.**

(Más información práctica básica sobre blogs en WordPress en español http://codex.wordpress.org/es:Introduction_to_Blogging)

Idiomas: disponible en español, catalán, inglés y un centenar de lenguas más.

Vox

www.vox.com

Vox es útil si queremos crear gratis y de manera muy sencilla un blog muy visual –con fotos y vídeos– para nuestra familia o grupos de amigos, controlando en todo momento quién tiene acceso al mismo.

Vox es un servicio **gratuito** de creación de blogs dirigido especialmente a los usuarios interesados en crear un **blog familiar** o de un **grupo de amigos.**

El editor en el que vamos a crear nuestras entradas es **muy visual** y permite combinar fácilmente, de forma muy intuitiva, **textos, imágenes, vídeos y audios.**

El control de la **privacidad** es una de las apuestas fundamentales de Vox. Como autores del blog podemos decidir el grado de privacidad que queremos tanto del blog en su conjunto –que sólo lo puedan ver determinados usuarios a los que demos permiso– como de cada uno de los elementos concretos que incluyamos en el mismo. Por ejemplo, podemos decidir que determinadas fotos o vídeos familiares sean de acceso todavía más restringido.

Si queremos, Vox nos avisará automáticamente por correo electrónico cuando se publiquen nuevos comentarios en el blog o se produzcan otras novedades en mi comunidad de usuarios.

Vox pone especial énfasis en la imagen visual de sus blogs. Así, ofrece **centenares de diseños a elegir**. Si más adelante nos cansamos del que tenemos, lo podemos cambiar fácilmente escogiendo uno nuevo.

Y si nuestros familiares y amigos han creado sus propios

blogs con Vox, es muy sencillo seguir su actividad a través de la **página de comunidad**, en la que aparecen todas las **novedades** que hayan publicado.

Vox es uno de los servicios que ofrece una de las principales empresas de blogs del mundo, **Six Apart**, creadora también de los sistemas de creación de blogs **TypePad** y **MovableType**.

Idiomas: español, inglés, francés y japonés.

Crea páginas web de forma muy sencilla

Weebly

www.weebly.com

Weebly es útil para todos aquellos que queráis crear una web sin tener ningún conocimiento de programación. El servicio es gratuito y muy fácil de usar.

¿Quieres crear una página web, con blog incluido, de manera **rápida, sencilla, intuitiva y gratuita**, y sin necesidad de tener **ningún conocimiento de programación web**? Prueba con Weebly.

El innovador sistema de creación de la página que ofrece Weebly es extremadamente sencillo, ya que sólo tenemos que **escoger, arrastrar y soltar** los elementos que queremos ir incluyendo en nuestro nuevo sitio web.

Para darnos de alta en Weebly sólo tenemos que facilitar un nombre de usuario, una contraseña y una dirección de correo electrónico. A continuación indicamos el nombre que hemos escogido para nuestra página y ya podemos empezar a crearla. Nuestra dirección será http://nombredelaweb.weebly.com, salvo si queremos alojar la página en un dominio nuestro.

Weebly nos permite seleccionar entre **decenas de diseños**, trabajar con una o dos columnas de la anchura que nos interese, incluir titulares, textos, fotos o vídeos donde queramos, establecer enlaces, subir documentos para que puedan ser descargados por nuestros usuarios, abrir nuevas secciones, crear un blog o insertar titulares de otras webs, entre otras opciones.

Weebly fue seleccionada por la revista Time como una de las 50 mejores webs de 2007.

Idiomas: inglés

Google Page Creator

pages.google.com

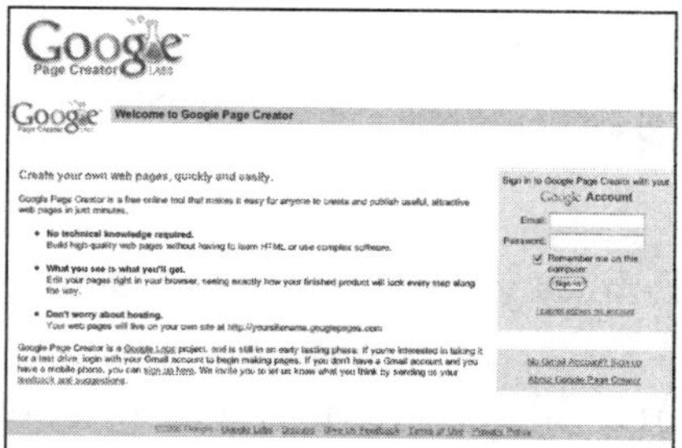

Google Page Creator es útil si queremos iniciarnos en el mundo de la publicación web de un modo muy simple, sin grandes alardes, para contar gratis con nuestra propia página básica.

De los laboratorios de Google ha surgido esta aplicación que permite crear **gratuitamente** páginas web **muy sencillas** y de forma bastante rápida.

Con Google Page Creator no hay que tener conocimientos técnicos para poder crear y publicar nuestra web. Durante el proceso de creación de la página podremos ir viendo exactamente cómo va a quedar. Google se encarga también del **hospedaje** de la página, que tendrá una dirección como la siguiente: nombredemiweb.googlepages.com.

Para utilizar este servicio hay que disponer de una cuenta de Google. Si no la tenemos, basta con darnos de alta.

Google Page Creator es uno más de los múltiples servicios del buscador que han nacido en los **Google Labs,** con los que Google hace pruebas sobre nuevas utilidades y productos.

Idiomas: inglés

Servicios similares alternativos:

Jimdo: www.jimdo.com

Sampa: www.sampa.com

Synthasite: www.synthasite.com

Publica y comparte presentaciones en Internet

Al igual que sucede con las fotos o con los vídeos, Internet nos ofrece también la posibilidad de publicar y compartir con otros usuarios nuestras **presentaciones** realizadas en **PowerPoint** o herramientas similares.

Dos de los servicios más útiles son los siguientes:

SlideShare

www.slideshare.net

SlideShare es útil para colgar gratis en Internet nuestras presentaciones o para aprender y buscar inspiración en las presentaciones realizadas por otros usuarios.

SlideShare es como **el YouTube de las presentaciones** (o de los PowerPoint, para entendernos).

Esta web nos permite colgar nuestras presentaciones (creadas en formato **PowerPoint, OpenOffice** o **PDF**) para que cualquier usuario de internet las pueda consultar cuando quiera. También podemos decidir que las presentaciones sean **privadas** y accesibles sólo para aquellos usuarios que nosotros determinemos.

Una vez publicada la presentación, podremos saber cuánta gente la ha visto o la ha descargado y leer los comentarios que hagan otros usuarios. Además, los usuarios podrán fácilmente publicar en sus blogs o redes sociales nuestra presentación.

Al igual que sucede con los vídeos de YouTube, podemos navegar por las presentaciones de SlideShare siguiendo distintos criterios: las más vistas, las últimas publicadas, las más comentadas o las más bajadas, entre otros. El buscador y las palabras clave son otras formas de encontrar y acceder a las presentaciones que más nos puedan interesar.

En SlideShare, como **autores,** podemos tener **nuestra propia página** en la que vamos publicando nuestras presentaciones.

Uno de los servicios que ofrece SlideShare es **Slidecasting,** un formato multimedia que permite **sincronizar** una presentación con un archivo de audio (el nombre de *Slidecasting* surge de la combinación de las palabras *Slide* y *Podcast*).

Slide

www.slide.com

Slide es útil si queremos crear de manera muy sencilla impactantes y divertidas presentaciones con nuestras fotos para compartirlas con familiares, amigos y otros usuarios.

El objetivo principal de esta web, que superaba en julio de 2007 los 134 millones de usuarios en todo el mundo, es el de facilitar a la gente que «**se exprese y cuente historias a través de fotos y vídeos personalizados**».

En Slide cualquier usuario puede crear fácilmente su propia presentación con fotos (**slide show**) y mostrarla directamente en Slide, en su blog o en cualquier red social, como **MySpace** o **Facebook.**

Para crear una nueva presentación simplemente tenemos que ir seleccionando las **fotos** que queramos incluir en la misma y hacer uso, si queremos, de las múltiples **herramientas** que proporciona Slide (diseños predeterminados, músicas, fondos, efectos, etc). Una vez terminada la presentación, la guardamos y decidimos dónde la queremos publicar y cómo la compartimos con otros usuarios.

En Slide también podemos crear imágenes divertidas utilizando la herramienta «**FunPix**», con la que podemos añadir *stickers* y textos a la foto que queramos.

Crea tu propia página de inicio personalizada

Cada vez son más los usuarios de Internet que optan por crear su propio portal personalizado para empezar a navegar por la red. Y para ello no hace falta tener **ningún conocimiento especial de programación** o diseño web, ya que en Internet existen distintos servicios que nos permiten crear de un modo muy sencillo esta página de inicio con aquellos contenidos y servicios que más nos interesen.

Netvibes

www.netvibes.com

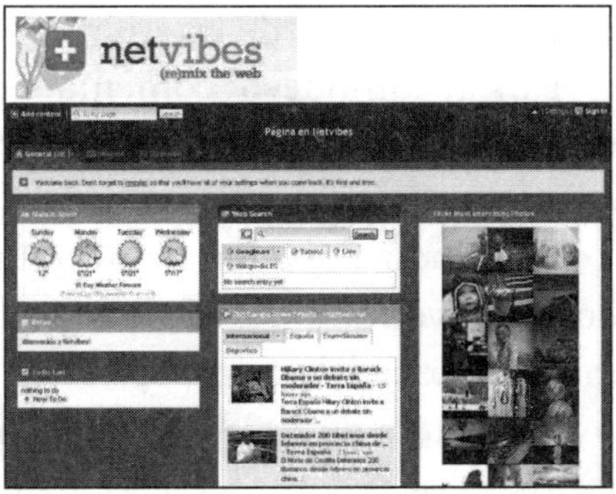

Netvibes, creada en el año 2005, fue la web que consiguió poner realmente de moda este tipo de servicios gracias a su **enorme facilidad de uso** y a la gran variedad de opciones que ofrece. Personalizar un portal nunca había sido tan fácil, y el éxito de público no se hizo esperar. Hoy son ya millones los usuarios de todo el mundo que han creado su propio portal en Netvibes.

Netvibes ofrece una **página personalizada** en la que cada usuario puede incluir prácticamente cualquier información o servicio existente en la red. Esto incluye noticias publicadas en sus webs o blogs favoritos, información meteorológica, mapas, listas de tareas, acceso directo a distintas cuentas de correo, buscadores, mensajería instantánea o redes sociales, fotografías o vídeos publicados en otros sitios web, podcasts y otros muchos contenidos. Todo en un único sitio completamente personal.

La **organización** y **distribución** en la página de todos estos contenidos puede modificarse **a gusto del usuario** de distintas maneras: moviendo bloques de un sitio a otro de la página (basta con hacer clic y arrastrar el bloque o zona que queramos mover a otra parte de la página), añadiendo nuevos canales o modificando los parámetros de cada módulo, entre otras opciones.

El usuario, una vez registrado, puede acceder desde cualquier ordenador conectado a Internet a su página personalizada de Netvibes. Ese portal personalizado puede **compartirse** con otros usuarios de Internet.

Para añadir nuevos contenidos al portal personalizado, basta con hacer clic en el botón «**Agregar contenido**» que se encuentra en la esquina superior izquierda de la página y empezar a escoger aquellos contenidos que nos interesen. Una vez creado el nuevo módulo, siempre podemos editarlo, actualizarlo, moverlo de sitio o cerrarlo.

En febrero de 2008 Netvibes lanzó una nueva versión todavía más visual de su servicio, llamada **Ginger**, que amplía las opciones de personalización existentes hasta entonces, especialmente a la hora de integrar la actividad que mantienen los usuarios y sus contactos en distintas redes sociales.

Idiomas: español, catalán, gallego, euskera, inglés, francés y muchos otros

iGoogle

www.google.es/ig
www.google.com/ig

Una de las características diferenciales de Google ha sido siempre su simplicidad: su portada se limita prácticamente a una simple caja de búsqueda.

Sin embargo, el buscador ha ido añadiendo durante los últimos años multitud de **nuevos servicios** que se han ido integrando con discreción en la parte superior de la página (enlaces a Google Maps, al correo Gmail, etc.).

Y además de su página clásica, Google ofrece también la opción de **personalizar totalmente el aspecto de la web**, permitiendo a cualquier usuario **crear su propio portal** con los contenidos que quiera: es el servicio llamado iGoogle.

El funcionamiento de iGoogle es muy similar al de Netvibes descrito anteriormente. Podemos ir añadiendo **nuevos módulos** para nuestra página seleccionándolos de la amplísima lista de «**gadgets**» (así los llama Google) disponibles en distintas categorías: Noticias, Herramientas, Comunicación, Diversión y Juegos, Finanzas, Deportes, Estilos de Vida, Tecnología y Política. Además, podemos incluir también el RSS de cualquier página, y crear de manera sencilla nuestro propio *gadget* para que otros usuarios puedan incorporarlo a su página en iGoogle.

Entre los *gadgets* más utilizados por los usuarios de iGoogle se encuentran los siguientes: Gmail (para poder ver los mensajes que van llegando a nuestra cuenta de correo de Gmail), YouTube, Movies (para consultar horarios de películas en un código postal determinado), Google News, Quotes of the day (citas humorísticas), NYTimes.com (las noticias de la web del diario The New York Times), BBC News, Wikipedia (para hacer búsquedas directamente en esta enciclopedia gratuita), Dictionary.com (con la palabra del día), Joke of the day (humor diario), Google Map Search y Weather Forecast (la previsión del tiempo en la ubicación escogida por el usuario).

Una vez seleccionados los gadgets que nos interesen, los podemos reubicar fácilmente (sólo hay que arrastrarlos a la parte de la página donde los queramos colocar). Al igual que sucede con Netvibes, podemos también crear distintas pestañas en la parte superior de la página para organizar mejor los contenidos y servicios seleccionados, agrupándolos por ejemplo por categorías (Comunicación, Noticias...).

Idiomas: español, inglés y otros

Mi Yahoo!

cm.es.my.yahoo.com
my.yahoo.com

Mi Yahoo! (o My Yahoo!) es el servicio gratuito de portal personalizado en el que cualquier usuario de Yahoo! puede escoger qué contenidos y servicios –tanto de Yahoo! como de otras compañías de internet– **quiere ver en su página:** correo electrónico, noticias, el tiempo, ofertas de trabajo, fotos, blogs, la bolsa, resultados deportivos, parrilla de televisión, cartelera de cine...

Para utilizar este servicio hay que ser usuario de Yahoo! o registrarse gratuitamente si es la primera vez que hacemos uso de alguno de los servicios de este portal. Una vez registrados, podremos acceder a Mi Yahoo! desde cualquier ordenador con conexión a Internet.

Añadir nuevos contenidos a nuestra página personal es sencillo. Los podemos seleccionar directamente de la lista ofrecida por Yahoo!, que incluye las siguientes categorías: Paquetes temáticos, Esenciales de Mi Yahoo!, Actualidad y Noticias, Arte y Cultura, Ciencia, Deporte, Economía y empresas, Educación y empleo, Hogar, Moda y tendencias, Música, Ocio, Salud y belleza, Sociedad y gente, Tecnología e Internet y Viajes. Si no aparece lo que queremos, siempre podemos realizar una **búsqueda** más detallada y escoger lo que nos interese o incluir directamente el RSS de la web que queramos.

Idiomas: español, inglés y otros

Pageflakes

www.pageflakes.com

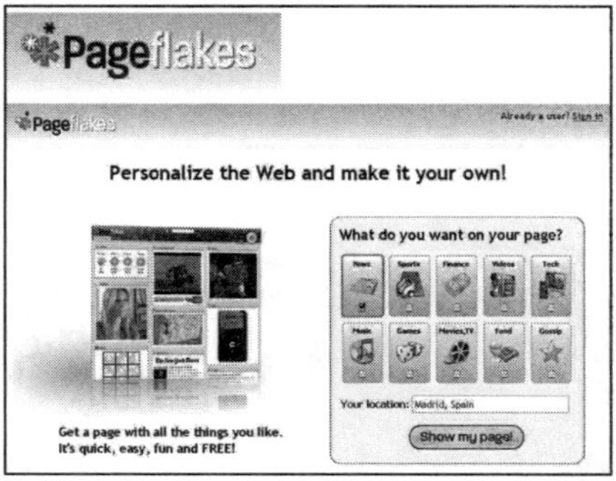

Pageflakes ofrece un sistema muy **intuitivo** para crear fácilmente nuestra propia página personal con contenidos y servicios procedentes de otros sitios web.

Una vez creada nuestra página en Pageflakes, la podemos **compartir** con el resto de usuarios, haciéndola totalmente pública o poniéndola a disposición sólo de un determinado grupo de usuarios. Pageflakes llama *Pagecasts* a estas páginas públicas.

Idiomas: inglés, alemán, portugués y chino (de momento no está disponible en español).

> **Estas páginas son útiles** para poder consultar de manera muy sencilla, en un único sitio completamente personalizado, aquellos contenidos y servicios que más nos interesen. Ahorran tiempo y simplifican enormemente la navegación.

Buscadores

Busca y encuentra en Internet

Google

www.google.com

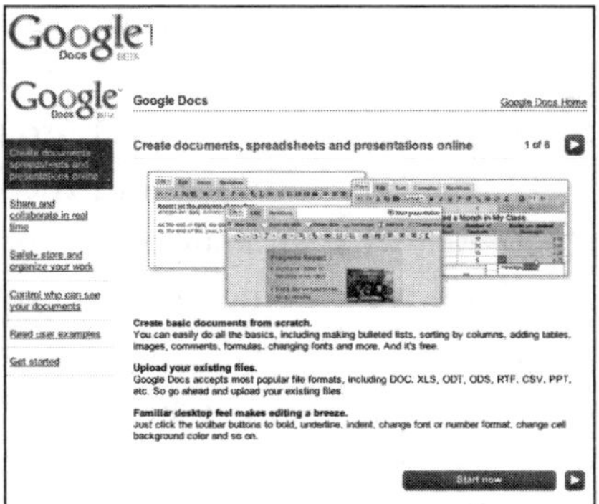

Google es útil... para muchas cosas relacionadas con Internet. Es el buscador utilizado por la mayor parte de usuarios gracias a su enorme efectividad y rapidez. Vale la pena aprender algunos trucos para sacarle todo el partido posible (ver «Consejos prácticos»).

Google es, con diferencia, el buscador número uno del mundo. Para mucha gente, Google se ha convertido en su principal **puerta de entrada** a Internet, el sitio a través del cual acaban accediendo a lo que les interesa tras realizar la búsqueda correspondiente.

Google destaca por su **simplicidad de uso** y **rapidez** en la presentación de resultados. Para ordenar sus resultados de búsqueda, Google aplica un **algoritmo** matemático –su fórmula secreta– que tiene en cuenta múltiples factores, entre ellos la **relevancia de cada página** o el número de enlaces que apuntan a una web.

Además de sus resultados normales de búsqueda, Google ofrece también los llamados «**enlaces patrocinados**», identificados como tales para que el usuario sepa que son publicidad. Estos enlaces –que pueden aparecer en la parte superior o en la columna derecha de la página de resultados– son comprados por miles de anunciantes, grandes y pequeños, que desean aparecer en Google cuando el usuario busca una palabra determinada.

Si hacemos clic en el botón «Buscar» tras introducir la palabra o palabras que estemos buscando, Google nos ofrecerá como resultado un listado de páginas web. Si nos fijamos en la parte superior de la página, veremos que tenemos también la opción de obtener **imágenes**, **noticias**, **vídeos**, **mapas** y otros contenidos sobre esa misma búsqueda.

El nombre del buscador procede del término matemático «**Googol**», que equivale a un uno seguido de 100 ceros. Según explican en Google, su nombre, nacido de jugar con la palabra Googol, «refleja la misión de la compañía de organizar la inmensa cantidad de información disponible en la web». Google existe desde 1998, año en que fue fundada por Larry Page y Sergey Brin. Hoy es la empresa más poderosa de Internet.

Idiomas: Google, que está disponible en los principales idiomas del planeta, cuenta con versiones en español (www.google.es), catalán (www.google.com/intl/ca/), gallego (www.google.com/intl/gl/) y euskera (www.google.com/intl/ eu/).

Consejos prácticos para buscar de un modo más efectivo en Google

- Para buscar en Google, simplemente debemos escribir en la caja de búsqueda **una o varias palabras sin necesidad de separarlas con comas.** Cuantos más términos introduzcamos, más afinaremos nuestra búsqueda. Google nos ofrecerá sólo aquellas páginas que contengan todas las palabras incluidas en nuestra búsqueda. El **orden** en que se escriban esos términos afectará a los resultados. Si no quedamos satisfechos inicialmente con los resultados obtenidos, podemos intentar afinarlos añadiendo o quitando términos a la búsqueda.

- Google no distingue entre **mayúsculas o minúsculas**. Así, da igual si buscamos Barcelona, barcelona o barCEloNA. Los resultados serán los mismos.
- Sin embargo, no sucede lo mismo con los **acentos**. Aunque en la página de ayuda de Google (en español) se indica que las búsquedas no distinguen los acentos, es fácil comprobar que, en la práctica, esto no siempre es así y que puede haber diferencias entre buscar una palabra con acento o sin él. En estos casos quizás lo más práctico sea hacer la búsqueda de las dos maneras.
- Si queremos encontrar páginas que incluyan una **expresión o una frase determinada**, debemos ponerla **entre comillas**. Google sólo nos ofrecerá aquellas páginas que incluyan toda la frase tal cual la hemos escrito. El uso de las comillas es muy útil, por ejemplo, para encontrar nombres propios, títulos de libros, canciones, citas o similares.
- A la hora de hacer las búsquedas, Google no tiene en cuenta determinadas **palabras muy comunes** (como «y», «en», «dónde», etc) o determinados dígitos y letras porque suelen ralentizar la búsqueda y no sirven para mejorar los resultados. Si un término común es imprescindible para nuestra búsqueda, entonces debemos incluir el signo «+» delante de esa palabra, pegado a la misma (por ejemplo, +dónde). Otra opción es utilizar las comillas para toda la expresión o frase que queramos buscar. (La Guerra de las Galaxias Episodio +I o «La Guerra de las Galaxias Episodio I»).

- Si, por el contrario, lo que nos interesa es **eliminar un término** de nuestra búsqueda, entonces debemos colocar el signo «–» delante de la palabra que no queramos que aparezca, siempre pegado a la misma.
- La **búsqueda avanzada** de Google ofrece múltiples opciones adicionales que nos permiten afinar nuestra búsqueda. Por ejemplo, podemos buscar páginas que contengan **todos los términos** de una búsqueda o **al menos uno** de los términos utilizados, o que estén en un **idioma determinado.** Una de las opciones que pueden ser más útiles es la de buscar sólo en páginas que hayan sido actualizadas en un periodo de **tiempo** determinado. De esta manera, podemos encontrar páginas que hablen de un tema o un personaje determinados a partir de una fecha en concreto (en la última semana, el último mes, etc.).
- La búsqueda avanzada también nos permite **restringir** los resultados a un **sitio web** determinado. Esto lo podemos también lograr si al hacer la búsqueda sencilla incluimos la palabra «site» seguida de «:» y el dominio de la web que nos interesa. Por ejemplo, si hago la siguiente búsqueda:

  Ofertas vuelo site: www.internetestil.com

  obtendré sólo páginas de la web internetesutil.com que contengan las palabras «ofertas» y «vuelos». Esta es una muy buena opción si nos interesa hacer una búsqueda en una web determinada y no quedamos satisfechos con los resultados que nos ofrece el buscador de esa web, si es que lo tiene. Nos puede sorprender la eficacia de realizar una búsqueda de esta manera.
- En el listado de **resultados** aparecen diversas **opciones** que pueden sernos muy útiles. Por ejemplo, si optamos por utilizar la opción «**En caché**», iremos a una página almacenada por Google en la que aparecerán resaltados en distintos colores los términos que hayamos incluido en la búsqueda. De

esta manera podremos encontrar más fácilmente, dentro de la página, lo que estemos buscando.

- A la hora de presentar los resultados de búsqueda, Google tiene en cuenta el **idioma** de la versión del buscador con la que está buscando el usuario. Es decir, si utilizamos **Google en español** (Google.es), los resultados no serán los mismos ni estarán ordenados del mismo modo que si hacemos la búsqueda utilizando **Google en inglés** (Google.com). Por ejemplo, si buscamos «Madrid» en Google.com, entre los primeros resultados encontramos la entrada de «Madrid» en la Wikipedia (versión en inglés) y varias menciones a webs de viajes escritas en inglés. En cambio, la consulta en Google.es nos ofrece como primer resultado las webs de la Comunidad de Madrid y del Ayuntamiento de Madrid, y a continuación otras páginas en español, entre ellas la entrada en la Wikipedia escrita en castellano.
- Si queremos saber qué páginas de Internet **apuntan** a una web determinada (es decir, tienen un enlace a esa web en concreto), con Google lo podemos descubrir si realizamos la siguiente búsqueda: link:www.nombredelaweb.com.
- Google ofrece la opción de buscar únicamente en blogs. Para hacerlo, debemos ir a www.google.com/blogsearch y realizar nuestra consulta.
- Otra opción que ofrece Google es la de buscar entre el contenido de libros, lo que podemos hacer desde books.google.es.

Otros buscadores:

En internet existen centenares de buscadores. Después de Google, los más utilizados son los tres siguientes:

- **Yahoo Search:** www.yahoo.com
- **Live Search:** www.live.com
- **Ask:** www.ask.com

Además, vale la pena conocer algunos buscadores especializados y otros que intentan ofrecer nuevas formas de encontrar la información deseada. Éstas son algunas direcciones a tener en cuenta:

Wikia search: search.wikia.com
Proyecto impulsado por el creador de la Wikipedia, Jimmy Wales, para ofrecer un buscador social realizado con la colaboración de los usuarios. Se lanzó en fase de pruebas a principios de 2008.

Blinkx: www.blinkx.com
Especializado en búsqueda de vídeos

Technorati: www.technorati.com
Está especializado en realizar búsquedas en blogs y otros sitios propios de la Web 2.0, la web social, en los que los usuarios comparten contenidos (fotos, vídeos, música, etc). Una forma de saber de qué se está hablando y qué está sucediendo en Internet casi en tiempo real.

Snap: www.snap.com
Permite previsualizar las páginas que aparecen en la lista de resultados, sin necesidad de visitarlas.

Mahalo: www.mahalo.com
Buscador en el que un equipo editorial selecciona los resultados que ofrece sobre los términos más populares. Como complemento, ofrece los resultados proporcionados por otros buscadores como Google, Yahoo!, Live o Ask, entre otros.

ChaCha: www.chacha.com
Si quieres, una persona real te ayudará a buscar en directo.

Kartoo: www.kartoo.com
Otro nuevo buscador que ofrece una forma completamente distinta de acceder a los resultados, basada en la visualización gráfica de los mismos

> **Estos buscadores son útiles** como alternativa –que puede ser muy eficaz– a los resultados y al sistema de búsqueda que ofrece Google.

Software

Descárgate programas informáticos

En Internet existen multitud de programas o aplicaciones que pueden ser decargados por los usuarios de forma gratuita.

Acceder a las páginas originales de cada fabricante podría llevarnos mucho tiempo, por lo que lo más recomendable es utilizar sitios web especializados en este campo, como **Download.com** o **Softonic.**

Download.com

www.download.com

Download.com es útil para buscar, descubrir y decidir –con argumentos sólidos y suficientes– qué programas nos conviene descargar en función de nuestras necesidades.

Download.com, una de las 150 webs más utilizadas del mundo, es un excelente recurso para encontrar y descargar **todo tipo de aplicaciones informáticas** para **PC, Mac** o **dispositivos móviles,** tanto **gratui-**

tas –hay más de 60.000 programas disponibles– como **de pago.**

En Download.com también se evalúan centenares de **aplicaciones Web 2.0,** agrupadas bajo el epígrafe de *Webware*. Estas aplicaciones no precisan de ningún tipo de descarga en el equipo del usuario ya que funcionan directamente a través de la web. Para usarlas basta normalmente con registrarse en la web correspondiente.

En CNET Download se ofrece abundante **información práctica** sobre cada programa con el objetivo de que los usuarios puedan realizar la mejor elección posible. Los editores de esta web **seleccionan** las mejores aplicaciones en cada categoría y **valoran** los programas. Los usuarios pueden también evaluar y comentar las aplicaciones disponibles. Existen listas muy orientativas y prácticas con los programas más descargados o mejor valorados.

Toda la información está organizada por **categorías** (Antivirus, Utilidades, Diseño, Salvapantallas, Educación, Fotografía Digital, Navegadores, etc.).

Download.com ha ganado en repetidas ocasiones el prestigioso **Webby Award** en la categoría de Hardware/Software, tanto el concedido por el jurado como el otorgado por los usuarios de internet.

Idiomas: inglés

Softonic

www.softonic.com

Softonic es útil si queremos descargar programas y buscamos orientación en español para escoger la mejor solución en cada caso.

Con más de 12 millones de usuarios al mes, Softonic se ha convertido en la principal referencia en **español** en el ámbito de la comercialización y descarga de software por Internet.

En esta web los usuarios encontrarán más de **42.000 programas** para distintas plataformas (Windows, Mac, Linux, Palm OS, Pocket PC y móvil), **organizados por categorías, comentados y valorados.** Existen tanto programas gratuitos como de pago.

Softonic.com fue lanzado al mercado en el año 1997 de la mano del Grupo Intercom. En junio de 2007 se renovó el diseño de la web: se introdujeron mejoras en los listados de programas más descargados, más vendidos y mejor valorados y se dio más presencia a las opiniones de los usuarios.

Cada día se realizan cerca de 600.000 descargas de software en Softonic. Dos programas gratuitos P2P de intercambio de archivos, **Ares** y **eMule,** han sido los más solicitados por los usuarios, con más de 25 y 15 millones de descargas respectivamente.

Idiomas: español, inglés y alemán.

Referencia y consulta

Consulta enciclopedias gratuitas y otras herramientas de referencia

Wikipedia

www.wikipedia.org

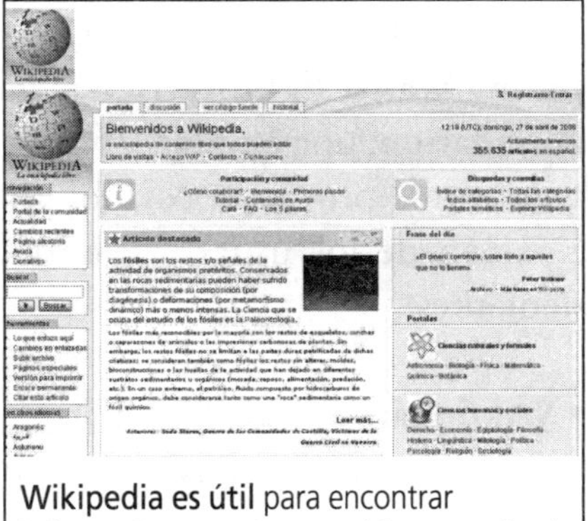

Wikipedia es útil para encontrar información gratuita, muy bien organizada y actualizada sobre prácticamente cualquier tema.

«La enciclopedia de contenido libre que todos pueden editar». Así se autodefine la **mayor enciclopedia gratuita del mundo**, que tiene como principal característica el estar **realizada por los propios usuarios**, que escriben y editan todos los textos.

Se trata de uno de los proyectos más destacados y utilizados de Internet: la Wikipedia ha logrado situarse **entre las diez webs más visitadas del mundo**. Además, esta enciclopedia es también uno de los proyectos emblemáticos de la **Web 2.0**, la web participativa en la que los usuarios juegan un papel fundamental con sus aportaciones.

La Wikipedia empezó su andadura en enero de 2001. En menos de siete años contaba ya con más de ocho millones de artículos publicados en 250 idiomas distintos. La versión en **inglés** es la más desarrollada, con más de dos millones de entradas. En **español** se han escrito más de 285.000 artículos.

Desde su lanzamiento, **más de 100.000 usuarios registrados** han realizado por los menos diez aportaciones a la Wikipedia, creando o editando textos. La versión en inglés cuenta con más de 3,4 millones de usuarios registrados (hay que registrarse para crear o editar entradas; la simple consulta de la información es totalmente abierta). Por su parte, en la versión española hay más de medio millón de usuarios registrados.

El fundador y principal impulsor de la Wikipedia es **Jimmy Wales.** El proyecto está gestionado por la **Wikimedia Foundation,** una entidad sin ánimo de lucro que también impulsa otros proyectos colaborativos (realizados con la participación de los usuarios), entre los que se encuentran los siguientes:

- **Wiktionary:** www.wiktionary.org
  Colección de diccionarios gratuitos en distintos idiomas

- **Wikiquote:** www.wikiquote.org
  Repositorio de citas de personajes famosos, libros, discursos o películas.

- **Wikibooks:** www.wikibooks.org
  Colección de libros electrónicos gratuitos entre los que se incluyen libros de texto, cursos de idiomas, manuales sobre distintas materias y otros libros de dominio público.

- **Wikinews:** www.wikinews.org
  Noticias sobre distintos temas realizadas por los usuarios.

- **Wikiversity:** www.wikiuniversity.org
  Materiales formativos y comunidades de aprendizaje.

- **Wikimedia Commons:** commons.wikimedia.org
  Repositorio gratuito de archivos multimedia de todo tipo: imágenes, vídeos, audios, gráficos, etc.

Idiomas: inglés, español, catalán, gallego, vasco y otras lenguas.

Answers.com

www.answers.com

Answers.com es útil porque permite ahorrar tiempo y esfuerzo al agrupar en una misma página información procedente de múltiples fuentes sobre el tema que nos interese.

¿Cómo encontrar rápidamente, en una misma página, una completa información gratuita sobre prácticamente cualquier tema que nos interese? Answers.com ha sabido dar con la fórmula mágica, **agregando en su página**, de manera muy **simple y clara**, contenidos procedentes de **diversas fuentes.**

Answers.com ofrece información sobre más de **4 millones de palabras o temas.** La web es, al mismo tiempo, una **enci-**

clopedia online, un **diccionario** o un **almanaque**, entre otras cosas. Toda la información que ofrece es de uso **gratuito**.

El contenido que ofrece Answers.com procede de decenas de acreditadas fuentes de información y de su propio equipo editorial, de manera que **no hay que ir saltando de una web a otra** en busca de esa información porque la encontramos toda agregada en una única página, con el consiguiente **ahorro de tiempo y esfuerzo**.

Entre los proveedores de contenidos utilizados por Answers.com se encuentran **Houghton-Mifflin, Columbia University Press, Oxford University Press, Enciclopedia Britannica, Wikipedia, Barron's, Computer Desktop Encyclopedia, MarketWatch, Thomson Gale Medical Dictionaries, Investopedia, All Media Guide, Who2** y **AccuWeather**, entre muchos otros.

Por ejemplo, si hacemos una búsqueda en Answers de «**Pablo Picasso**», obtendremos la siguiente información: las biografías sobre el pintor español publicadas por Who2 y Biogs.com, la definición del American Heritage Dictionary of the English Language (Houghton Mifflin), varias citas de Picasso publicadas por QuotationsBook.com, la información ofrecida sobre Picasso por la Britannica Concise Encyclopedia, Wikipedia y The Columbia Electronic Encyclopedia, o posters de Picasso que se pueden encontrar en AllPosters.com, entre otros materiales. Realmente, una gran y completa fuente de información.

Uno de los servicios que ofrece Answers.com es **WikiAnswers** (wiki.answers.com), donde son los usuarios los que preguntan y responden todo tipo de cuestiones. Además, Answers.com cuenta con una pequeña aplicación llamada **1-Click Answers** que los usuarios pueden descargar e instalar gratuitamente en sus equipos y que permite obtener información sobre cualquier palabra que aparezca en pantalla con sólo hacer un clic sobre la misma.

Idioma: inglés.

Yahoo! Respuestas

es.answers.yahoo.com

Yahoo! **Respuestas es útil** como recurso para encontrar respuesta a todo tipo de interrogantes, incluso los más raros.

Yahoo! Respuestas es un servicio **gratuito** ofrecido por el portal **Yahoo!** en el que podemos encontrar **preguntas y respuestas sobre prácticamente cualquier tema.** La idea de **compartir conocimientos** entre los usuarios es la que alimenta este proyecto, uno de los más populares y con un mayor número de usuarios en el ámbito de la Web 2.0.

La consulta de las preguntas y respuestas publicadas es totalmente abierta (no es necesario estar registrado en Yahoo!). Sin embargo, para poder preguntar o responder sí debemos ser usuarios registrados del portal.

Existe un **buscador** para localizar las preguntas y respuestas que nos puedan interesar, y también podemos navegar a través de las distintas **categorías temáticas** (por ejemplo, Belleza y Estilo, Ciencias y Matemáticas, Educación, Hogar y Jardinería, Música y Ocio, Viajes, etc.).

Idiomas: español e inglés, entre otros.

RAE

www.rae.es

El diccionario de la **Real Academia Española**, principal referente lingüístico del idioma español, puede **consultarse gratuitamente** en Internet. También se pueden realizar consultas sobre el **Diccionario panhispánico de dudas.**

Fundéu

www.fundeu.es
www.wikilengua.org

fundéu BBVA

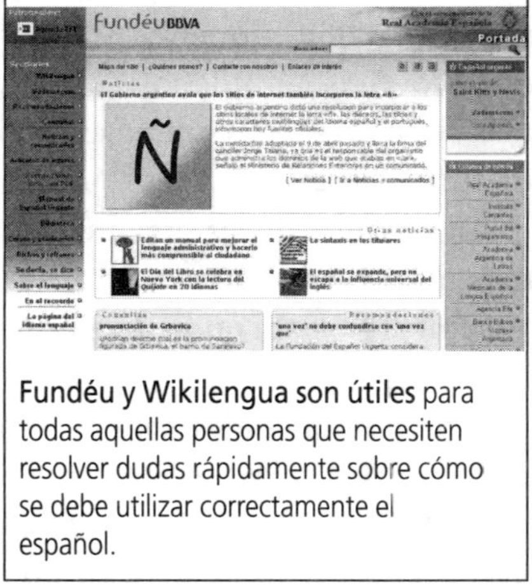

Fundéu y Wikilengua son útiles para todas aquellas personas que necesiten resolver dudas rápidamente sobre cómo se debe utilizar correctamente el español.

La **Fundación Español Urgente** (**Fundéu**) es una institución sin ánimo de lucro, creada en 2005 por la **Agencia Efe** y el **BBVA**, que tiene como principal objetivo colaborar con el buen uso del idioma español, especialmente en los medios de comunicación.

En su web se ofrecen diversos recursos útiles para todas aquellas personas que necesiten **dominar bien el español**, aclarar **dudas lingüísticas** y mejorar su expresión oral y escrita. El objetivo de Fundéu es el de «proporcionar criterios uniformes de uso del español» para «contribuir a evitar la dispersión lingüísticas o la invasión indiscriminada de neologismos».

Entre estos recursos se encuentra el **Manual de Español Urgente**, del cual se ofrece en la web una relación de términos

(**Vademécum**) que se actualiza día a día. Además, existe un **foro** para debatir temas lingüísticos y se ofrece la posibilidad de realizar **consultas** *online.*

Una de las últimas novedades ofrecidas por Fundéu es el proyecto de la **Wikilengua** del español (www.wikilengua.org), una web gratuita, abierta y participativa «sobre las dudas prácticas del castellano». La Wikilengua organiza sus contenidos en seis secciones: **Gramática** (sintaxis, construcción, régimen, concordancia...), **Ortografía** (normas ortográficas y ortotipográficas, ortografía técnica, acentuación...), **Nombres propios** (topónimos y gentilicios, romanizaciones, pronunciación...), **Léxico** (descripción de palabras concretas), **Diseño** (notas, cuadros, listas, títulos...) y **Mundo de la lengua** (personas, instituciones, obras...).

Idioma: español.

Kalipedia

www.kalipedia.com

Kalipedia es una enciclopedia gratuita online, ofrecida por el **Grupo Santillana**, en la que se ofrecen contenidos especialmente adaptados para los alumnos de Educación Secundaria Obligatoria (ESO), es decir, de 12 a 16 años.

El material que ofrece Kalipedia puede ser útil tanto a los alumnos como a los profesores y padres. Kalipedia cuenta también con una comunidad participativa, llamada «interkambiador», en la que los usuarios registrados pueden crear blogs o participar en foros y debates.

Idioma: español.

Kalipedia es útil para los estudiantes de Secundaria que necesiten consultar información fiable sobre las distintas materias de estudio.

About.com

www.about.com

About.com ofrece más de **600 guías temáticas** sobre todo tipo de temas, realizadas por **expertos** en cada una de las materias. Pertenece a **The New York Times Company** y es una de las 150 webs más consultadas del mundo (de hecho, tiene más audiencia que la propia web del periódico, NYTimes.com).

Idioma: inglés.

ParaSaber.com

www.parasaber.com

Colección de guías prácticas sobre más de 20 materias (Cocina práctica, Fiscalidad, Estar en forma, Comprar coche, Pilates, Fotografía digital...) impulsada por **Prisacom**, la compañía de internet del **Grupo PRISA**. Fue lanzada en noviembre de 2007. Cada guía está realizada por un **experto** en la materia respectiva. Los usuarios pueden participar enviando **preguntas y respuestas** o a través de foros y blogs.

(Aclaración: fui el impulsor y primer director de ParaSaber.com durante mi etapa como subdirector de contenidos de Prisacom)

Idioma: español.

> **About.com y ParaSaber.com son útiles** cuando buscamos información sobre temas concretos (por ejemplo, aficiones) ofrecida por expertos en esa materia.

Consumer.es

www.consumer.es

Consumer.es es una web de información y servicio al consumidor ofrecida por la **Fundación Eroski**. Su principal objetivo es **orientar al usuario** en diversos asuntos que afectan a su **vida cotidiana**, siempre teniendo en cuenta la defensa de sus **derechos como consumidor**: alimentación, vivienda, viajes, nuevas tecnologías, economía doméstica, bricolaje, motor, educación, medio ambiente, salud, solidaridad y seguridad alimentaria.

Además de **informaciones diarias** sobre estos asuntos, en Consumer.es se pueden consultar todos los ejemplares de la **revista** del consumidor editada por Fundación Eroski así como diversas **guías prácticas** en formato libro electrónico y una «**escuela del consumidor**» con la que es posible aprender sobre todos estos temas.

Los **análisis comparativos** de distintos productos o servicios realizados por Consumer.es son otro de sus elementos distintivos.

> **Consumer.es es útil** para encontrar información práctica sobre multitud de temas que interesan al consumidor, desde la alimentación a las nuevas tecnologías, pasando por la vivienda o la solidaridad.

eHow

www.ehow.com

Explicar cómo hacer cualquier cosa. Ese es el objetivo que se plantean los creadores de esta web, en la que se pueden encontrar más de 100.000 explicaciones detalladas sobre todo tipo de temas, desde cómo hacer bien el nudo de la corbata hasta cómo negociar un aumento de sueldo.

Una característica diferencial de eHow es el modo en que están escritos sus artículos, siempre de manera muy concisa, con pasos concretos a seguir.

Idioma: inglés.

eHow es útil si queremos encontrar descripciones detalladas sobre cómo hacer cualquier cosa... y dominamos el inglés

mailxmail

www.mailxmail.com

Esta web, que pretende ser una plataforma social de aprendizaje, ofrece formación gratuita por Internet dirigida a todo tipo de usuarios sobre multitud de temas.

En concreto, mailxmail pone a disposición de los internautas un amplio listado de miniguías que pueden seguirse de dos modos: a través del correo electrónico –el usuario decide cuándo quiere recibir los mensajes con nuevos contenidos– o directamente a través de la web.

Los cursos están divididos en cuatro grandes áreas: informática, idiomas, empresa y calidad de vida.

Idioma: español.

Mailxmail es útil para formarnos a nuestro propio ritmo, de manera gratuita, sobre temas muy diversos.

■ Viajes ■

Prepara y reserva tus viajes

Si tuviésemos que nombrar sectores económicos tradicionales que se han visto transformados de manera radical por la aparición de Internet, seguro que el del turismo aparecería en todas las listas.

Internet ha otorgado a los usuarios un enorme **poder de decisión** y una gran **independencia** a la hora de **preparar, organizar y reservar sus viajes.** Y lo ha hecho en todas las fases de este proceso, desde la preparación inicial del viaje (por ejemplo, la elección del destino) hasta la conclusión del mismo (con la posibilidad de contar la experiencia), pasando por la selección y reserva de los vuelos, hoteles o coche de alquiler, la preparación de la ruta a seguir, el intercambio de experiencias con otros usuarios, etc.

No es extraño que entre los gastos más habituales realizados por los usuarios en Internet, los relacionados con los viajes ocupen un puesto muy relevante. Según un informe realizado por Red.es sobre el comercio electrónico en España, los artículos más vendidos en 2007 fueron billetes de transporte (adquiridos por un 36,5% de los compradores), seguidos por entradas para espectáculos (16,9%), libros (13,9%), reservas para alojamientos (12,4%) y ropa y complementos (10,1%).

Pero si analizamos el volumen de negocio generado y no el número de compradores que han adquirido un producto determinado, entonces la relevancia del sector turístico es todavía mucho más evidente: según datos de la Comisión del Mercado de las Telecomunicaciones (CMT), en España las ventas de billetes de avión representan el 25% del gasto total en comercio electrónico, y el segundo lugar lo ocupan las agencias de viaje y operadores turísticos online, con un 10% del total.

Sobre viajes existen muchísimas webs realmente útiles. En este capítulo se ofrece una selección de las mismas, agrupadas por tipo de web:

- **Portales internacionales de viajes:** se trata de webs que pretenden cubrir todas las necesidades que pueda tener un viajero. Entre las más destacadas se encuentran **Travelocity** (www.travelocity.com), **Expedia** (www.expedia.com) y **Orbitz** (www.orbitz.com).
- **Agencias españolas de viajes online:** centran su negocio en la venta de paquetes turísticos, reserva de vuelos y hoteles y otros servicios para el viajero. Las principales son las siguientes: **eDreams** (www.edreams.es), **Viajar.com** (www.viajar.com), **Rumbo** (www.rumbo.es), **Lastminute.com** (www.lastminute.com), **Atrapalo** (www.atrapalo.com) –que ofrece también ofertas de ocio–, **Muchoviaje.com** (www.muchoviaje.com), **Destinia** (www.destinia.com) y **Terminal A** (www.terminala.es).

Estos servicios nacionales e internacionales son útiles para encontrar buenas ofertas de vuelos o paquetes turísticos y contar con distintas opciones a la hora de preparar nuestro viaje.

- **Compañías aéreas:** todas las compañías aéreas venden billetes a través de su página web (fácil de encontrar en cualquier buscador), y cada vez en porcentajes más importantes. Si estamos buscando buenas ofertas, es aconsejable consultar la web de la compañía aérea con la que nos interese volar porque a menudo los mejores precios se encuentran allí.

Las webs de compañías aéreas son útiles para encontrar las mejores ofertas de vuelo.

- **Tren: Renfe** (www.renfe.es)
- **Comunidades de viajeros:** son sitios web en los que se recogen comentarios, experiencias y valoraciones de otros viajeros sobre destinos, hoteles y cualquier otro servicio turístico. Entre las más destacadas se encuentran **TripAdvisor** (www.tripadvisor.com), **IgoUgo** (www.igougo.com) y **TravBuddy** (www.travbuddy.com).

Estas páginas son útiles para conocer de primera mano la experiencia de otros viajeros.

- **Webs de oficinas de turismo:** las agencias oficiales de turismo de países, regiones, ciudades y otros lugares de cualquier parte del mundo suelen ser una buena fuente de información práctica sobre su zona respectiva. Lógicamente, ofrecen la visión oficial, que podemos siempre contrastar con otras fuentes, pero en muchos casos se trata de excelentes recursos. Son buenos ejemplos **nycvisit.com** (Nueva York), **visitmexico.com** (México), **www.newzealand.com/travel/** (Nueva Zelanda) o **YellowstonePark.com** (Parque Yellowstone).

Las webs de oficinas de turismo son útiles porque suelen tener información completa, actualizada y práctica de alojamientos, actividades a realizar en la zona.

- **Reservas de hoteles: Hotels.com** (www.hotels.com)
- **Guías de viajes:** la editoriales especializadas en viajes están también presentes en internet, cada día con más fuerza. Entre las más utilizadas o interesantes se encuentran **Lonely Planet** (www.lonelyplanet.es), **Fodor's** (www.fodors.com), **Frommer's** (www.frommers.com) y **Eyewitness Travel Guides** de DK (www.traveldk.com).

> **Estas guías de viaje son útiles** porque ofrecen mucha información sobre los diferentes destinos.

- **Cámaras web:** a través de las webcams de **EarthCam** (www.earthcam.com) podemos ver imágenes en directo de miles de puntos turísticos de todo el mundo.

> **Las cámaras web son útiles** para curiosear sobre nuestro próximo destino... o recordar aquellos sitios en los que hemos estado.

- **Buscadores y comparadores de tarifas:** éste es uno de los campos en los que recientemente ha habido novedades más destacables, con el lanzamiento de nuevos servicios que intentan simplificar al máximo la búsqueda (por ejemplo, de vuelos) y sacar todo el partido posible a los datos extraídos de decenas de sitios web.

Mi servicio favorito en este ámbito es, sin lugar a dudas, Kayak:

Kayak

www.kayak.es

www.kayak.com

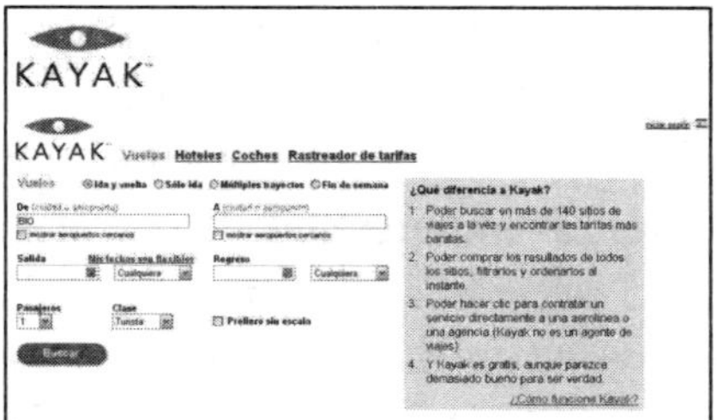

Kayak es útil para buscar y comparar tarifas de vuelos de manera rápida y cómoda, lo que nos permitirá ganar tiempo y ahorrar dinero.

Kayak es una de las principales, más utilizadas y más apreciadas novedades en el sector de los viajes online. Esta web estadounidense, creada por ex directivos de varias de las principales webs de viajes (**Expedia**, **Travelocity** y **Orbitz**) con el objetivo de **mejorar el servicio** que se ofrece a los viajeros en Internet, cuenta con una versión adaptada especialmente a los **usuarios españoles**, inicialmente para la **búsqueda de vuelos**.

Kayak es un **buscador de vuelos, hoteles y otros servicios turísticos** que busca y compara información procedente de centenares de sitios de viajes con el objetivo de localizar la mejor oferta para el viajero. Kayak fue lanzado oficialmente en febrero de 2005. Desde entonces se ha consolidado como una de las más firmes apuestas de la Web 2.0 en el campo turístico.

El secreto de Kayak es su **facilidad de uso** y la rapidez con que se pueden **filtrar los resultados** en función de distintos criterios. A diferencia de lo que sucede en otros comparadores, en Kayak, una vez hecha la búsqueda de un vuelo, basta con modificar las condiciones establecidas para obtener sobre la marcha, sin necesidad de hacer nuevas búsquedas, los resultados deseados. Esto se traduce en un considerable **ahorro de tiempo** y en una gran **comodidad** para el usuario.

Una vez localizada la oferta que más nos interesa, podemos efectuar directamente a través de Kayak la reserva o ir a la web correspondiente (por ejemplo, la de la compañía aérea que ofrece el vuelo en cuestión).

Como usuarios registrados de Kayak podemos guardar nuestras **preferencias** o crear **alertas** –que recibiremos por correo electrónico– para poder realizar un seguimiento de las tarifas de aquellas rutas que más nos interesen.

Kayak ofrece algunos **consejos prácticos** para obtener las **mejores tarifas** posibles en los vuelos:

- Buscar con 21 días o más de antelación
- Si tenemos cierta flexibilidad en las fecha, hacer la búsqueda flexible ya que la tarifa puede reducirse considerablemente entre un día u otro. Los días más baratos para volar suelen ser los sábados, los martes y los miércoles.
- La hora del vuelo también afecta al precio, ya que volar cuando otros no quieren hacerlo permite conseguir tarifas más baratas. Por ejemplo, para las rutas de ocio, suele ser mejor volar muy temprano o muy tarde; en el caso de las rutas de negocio, el mediodía suele ser el mejor momento si buscamos una tarifa barata.
- Evidentemente, siempre que podamos, hay que evitar las temporadas altas.
- Y conviene buscar en aeropuertos alternativos, cercanos a nuestro destino, que es a los que suelen volar algunas compañías de vuelos baratos.

Idiomas: español e inglés, entre otros.

Minube: www.minube.com

Minube es un producto de una joven compañía española que ofrece un servicio similar al de Kayak.

Mapas y rutas

Encuentra direcciones y descubre cómo llegar a cualquier sitio

Internet pone a nuestra disposición una serie de herramientas muy prácticas para **buscar direcciones, preparar rutas en coche** o explorar el mundo a través de **mapas interactivos.** El buscador Google ofrece algunas de las más útiles.

Google Maps

maps.google.es

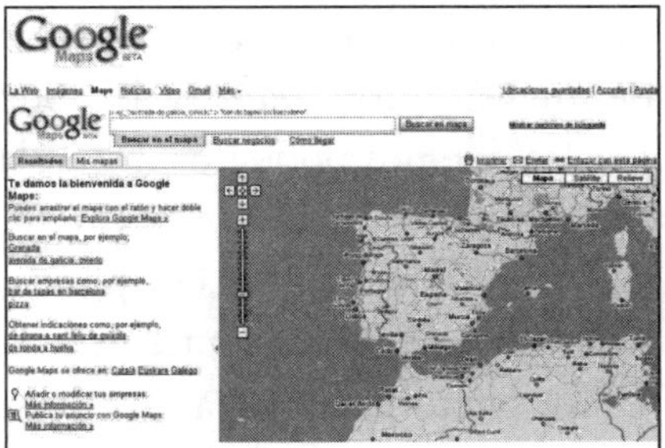

Google Maps es útil para localizar rápidamente cualquier dirección y moverse por los mapas de manera muy práctica, sencilla y eficaz.

Google Maps, uno de los cada vez más abundantes servicios que ofrece **Google**, ha logrado convertir la búsqueda de direcciones, negocios o rutas en coche sobre mapas en algo **sencillo, rápido, práctico y muy intuitivo.**

La potente tecnología cartográfica utilizada por Google

Maps permite ver y trabajar con los mapas de distintas formas:

- los podemos ver simplemente como un **plano o callejero**
- podemos trabajar con **imágenes por satélite** (o con una mezcla de satélite más callejero)
- y como **terreno** (mapa físico)

El primer paso es escribir en la caja de búsqueda la dirección que queramos ubicar en el mapa, el nombre de una empresa –en una localidad concreta– o la dirección de origen y destino de una ruta.

En el caso de la **dirección,** Google Maps nos la mostrará marcada sobre el mapa. Si buscamos una **empresa,** Google nos ofrecerá en el mapa las distintas ubicaciones localizadas y, al lado, la información básica de contacto de cada uno de los resultados.

Moverse por los mapas es muy fácil. Utilizando el ratón nos podemos acercar, alejar o desplazarnos por el mapa (haciendo clic sobre el mapa y arrastrando el ratón).

En determinadas áreas de Estados Unidos Google Maps ofrece lo que llama «vista de la calle» (**«Street View»**)**:** se trata de imágenes fotográficas de 360º de la zona correspondiente por las que nos podemos ir desplazando, realizando una **visita virtual** de esa zona.

En algunas áreas está disponible también la opción de ver la situación del **tráfico en tiempo real.**

Respecto a las **rutas,** el sistema funciona del siguiente modo: tras introducir los puntos de origen y destino, Google Mapas nos traza el **itinerario** a seguir con indicaciones textuales detalladas para todo el trayecto. Si queremos, podemos añadir varios destinos o arrastrar la ruta para ver opciones alternativas. Existen diversas opciones para personalizar la ruta, como por ejemplo indicar que no queremos utilizar autopistas.

Las imágenes de satélite que aparecen en Google Maps son las que ofrece **Google Earth** (ver más adelante), y suelen tener entre uno y tres años de antigüedad.

Mis mapas

Una de las funciones más interesantes y participativas que ofrece Google Maps es la de «mis mapas». Se trata de un servicio que nos permite **crear y compartir mapas personalizados** con nuestras propias anotaciones.

En estos mapas podemos, por ejemplo, incluir un texto descriptivo sobre una ubicación concreta (con enlaces incluidos) o insertar fotografías o vídeos sobre la misma.

Para compartir «mis mapas» con otros usuarios, simplemente tenemos que hacer clic en la opción «Enlazar con esta página» y enviar por correo electrónico la dirección web que nos aparece o publicar el enlace en nuestra página web.

Google Earth

earth.google.com

Este programa de Google, que cuenta con una **versión gratuita muy potente** que nos podemos bajar e instalar en nuestro ordenador, nos permite explorar la tierra –y también el espacio– desde nuestro ordenador de un modo que no podíamos ni imaginar hace apenas unos años.

Google Earth es útil para «pasear» de manera virtual por cualquier lugar del mundo.

Google Earth «combina la potencia de las búsquedas de Google con imágenes de satélites, mapas, terrenos y edificios 3D para poner **toda la información geográfica del mundo al alcance de tu mano**» según se explica en la web de esta impresionante aplicación.

Entre otras cosas, con Google Earth podemos, por ejemplo, «volar» hacia nuestra casa simplemente escribiendo nuestra dirección, o acceder de la misma manera a nuestros lugares favoritos. Todas las direcciones o ubicaciones que vayamos almacenando las podemos compartir con otros usuarios. Además, es fácil añadir a estas posiciones información adicional como notas o fotos.

Gracias a Google Earth podemos realizar **viajes virtuales por todo el mundo.** Al pasear sobre los mapas podemos inclinar o girar la vista para ver los **terrenos y los edificios en 3D**. Junto a las imágenes de tres dimensiones podemos encontrar **fotografías** o información relevante sobre la ubicación que estemos explorando. Por ejemplo, Google Earth incorpora contenidos multimedia de **National Geographic**, entre otras fuentes.

La última versión de Google Earth incorporó una importante novedad: la capacidad de explorar también el **espacio**, con imágenes captadas por el telescopio espacial **Hubble.**

La **Google Earth Gallery** nos permite visitar los lugares más populares con los contenidos que sobre los mismos han añadido organizaciones y usuarios de todo el mundo.

Además de su edición gratuita, Google Earth cuenta con varias **versiones de pago. Google Earth Plus** (sólo cuesta 20 dólares) «añade compatibilidad con dispositivos GPS, un rendimiento más rápido, la capacidad de importar hojas de cálculo y realizar impresiones con una mayor resolución». **Google Earth Pro** (vale 400 dólares) está dirigida al mercado profesional como «herramienta de estudio, presentación y colaboración más avanzada para obtener datos de localización específicos». Además existen las **Google Earth Enterprise Solutions** destinadas a la implantación en la empresa de las bases de datos personalizadas de Google Earth.

ViaMichelin.com

www.viamichelin.es

ViaMichelin es una de las mejores opciones especializadas existentes en la web para calcular **cualquier ruta** que queramos realizar en coche por **Europa**, gracias a su completa base de datos de mapas, carreteras y calles de más de 40 países europeos.

Cuenta además con información sobre **18.000 lugares de interés turístico** y sobre más de **60.000 hoteles y restaurantes** seleccionados por los inspectores que realizan la **Guía Michelín**. Adicionalmente, ofrece información sobre el tiempo, el tráfico o las **estaciones de servicio** disponibles.

Para calcular una ruta debemos rellenar la información sobre el punto de origen (mejor cuanto más detallada: por ejemplo, calle, número, ciudad y país), introducir la dirección de destino y darle a OK, lo que nos permitirá visualizar el **mapa del itinerario** y la **hoja de ruta** propuestos, con el cálculo de los kilómetros y del tiempo necesario para recorrerlos. La hoja de ruta cuenta con indicaciones detalladas del recorrido, lo que incluye información textual y mapas de todos los puntos clave.

Podemos optar por distintos **tipos de recorrido**: recomendado, rápido, corto, económico o descubierto (para rutas con un paisaje agradable). Una vez escogido el itinerario que más nos convenza, lo podemos imprimir o cargar en el GPS. ViaMichelin informa también del **coste de los peajes** y de la **gasolina** (en función del tipo de vehículo).

Guiacampsa.com

www.guiacampsa.com

Otra opción práctica para calcular nuestra ruta es la ofrecida por la Guia Campsa. Permite escoger el **tipo de itinerario** (más rápido, más corto, por autopista, con velocidades personalizadas, sin peajes o evitando incidencias de tráfico (ésta opción, sólo para rutas en España). Los mapas pueden ser **detallados** o en forma de **croquis** (un sencillo dibujo con los puntos principales a tener en cuenta).

> ViaMichelin.com y Guiacampsa.com son útiles para preparar cualquier ruta que tengamos que hacer en coche por España y el resto de Europa

Noticias

Internet se ha convertido en el gran medio de comunicación del siglo XXI, el lugar en el que encontrar y consultar noticias de todo tipo, tanto de última hora como de archivo.

Existen en todo el mundo miles de webs informativas de **periódicos**, cadenas de **radio** y **televisión**, **revistas** y **medios digitales** que ofrecen noticias en todo tipo de **formatos**: textos, fotos, vídeos, gráficos, etc. Además, los grandes **portales** y **buscadores** también se han hecho un hueco en el mercado de la información, e incluso han surgido iniciativas en las que son los **usuarios** los que deciden qué noticias son las más interesantes en cada momento.

En este capítulo se ofrecen sólo algunas referencias que, por un motivo u otro, pueden resultar especialmente útiles a los usuarios. Es fácil localizar en cualquier buscador las páginas de aquellos medios tradicionales que nos interesen. En cualquier caso, al final del capítulo se han incluido también algunos enlaces a las webs de los medios más destacados.

Agregadores de noticias

Google News

www.google.com/news

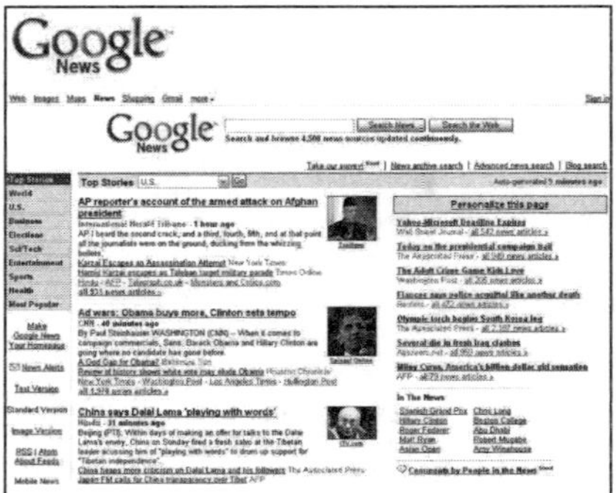

Google News es útil para buscar y comparar noticias sobre un mismo tema publicadas en distintos medios y para crearnos alertas de noticias sobre los temas que más nos interesen.

¿Es posible crear un medio online –un sitio en el que consultar noticias– **sin emplear medios humanos**, confiando únicamente en las **máquinas**? Esto es lo que ofrece desde hace años Google News, el buscador de noticias de Google que cuenta con más de 40 ediciones distintas para cubrir las noticias en diferentes idiomas y áreas geográficas.

Por ejemplo, existen versiones de Google News en **español** (con ediciones distintas para España, Argentina, Chile, Colombia, Cuba, Estados Unidos, México, Perú y Venezuela) y en otros idiomas como inglés (con ediciones localizadas en Estados Unidos, Gran Bretaña o Australia), francés, alemán, portugués o chino, entre otras lenguas.

Si visitamos Google News nos encontramos con una página en la que aparecen, **actualizados** de manera continua, **titulares y pequeños resúmenes** de noticias de todo tipo, clasificadas por **secciones** (en el caso de Google News España, las secciones son Portada, Internacional, España, Economía, Ciencia/Tecnología, Deportes, Espectáculos, Salud y Más popular). Cada titular **enlaza** directamente con la noticia publicada en el medio correspondiente, que aparece mencionado junto al titular.

Estas noticias proceden de los **centenares de medios digita-**

les que Google va consultando y analizando de forma continua. Para establecer el **orden de aparición de las noticias**, Google tiene en cuenta distintos elementos, como por ejemplo las veces que una misma noticia ha sido publicada en distintas webs y en qué páginas ha aparecido. Así, Google deja que sean los ordenadores los que decidan la importancia de las noticias tras analizar qué están publicando los distintos medios de información online.

En el caso de la edición en **inglés**, Google News analiza más de 4.500 fuentes de información distintas. En español las fuentes consultadas son más de 700.

Google News **agrupa** las historias similares para facilitar que el lector pueda consultar distintas fuentes informativas sobre una misma noticia.

Google News puede **personalizarse** de acuerdo con los intereses específicos de cada usuario, que puede crear nuevas secciones para sus búsquedas preferidas o mezclar noticias procedentes de otras ediciones regionales de Google News.

Buscar noticias

Además de navegar por las distintas secciones de Google News, los usuarios pueden hacer directamente una **búsqueda** sobre cualquier tema que les interese.

El buscador de Google News ofrecerá una página de resultados con los titulares de aquellas noticias que incluyan el término o los términos buscados. Las noticias pueden ordenarse **por relevancia o por fecha**, entre otras opciones.

Alertas de noticias (www.google.com/alerts)

Uno de los servicios más útiles de Google News son las **alertas de noticias**. Cualquier usuario puede **suscribirse gratuitamente** a tantas alertas como desee –en distintos idiomas– para recibir un **aviso** por correo electrónico cada vez que se publique una noticia que se ajuste a la palabra o palabras incluidos en la alerta. Si se prefiere, las alertas pueden recibirse también de forma diaria o semanal.

Esta herramienta es muy útil para hacer un **seguimiento** de aquellos asuntos que nos interesen por motivos personales o profesionales. Por ejemplo, el departamento de comunicación de una empresa puede crear una alerta con el nombre de la compañía o de sus principales directivos para saber rápida y cómodamente qué se está publicando sobre ellos en internet.

Yahoo! News

news.yahoo.com

Yahoo! News es la web informativa **más consultada del mundo**, según datos de **comScore**, por delante de cualquiera de las webs de los principales medios de comunicación.

Básicamente, lo que ofrece la página de noticias del portal Yahoo! es un **excelente servicio de agregación de noticias** publicadas por una selección de medios de comunicación que colaboran con el portal.

Yahoo! News es útil porque selecciona y presenta de un modo muy eficaz noticias procedentes de agencias internacionales, periódicos, cadenas de televisión y webs especializadas. Es la web de noticias más consultada del mundo.

Por ejemplo, entre los proveedores que participan en Yahoo! News se encuentran las agencias internacionales de prensa **Reuters, AP** y **AFP**; los periódicos **USA Today, Financial Times** o **The Christian Science Monitor**, y las revistas **Time, BusinessWeek** o **U.S. News & World Report**, entre otros. Entre los medios que proporcionan material audiovisual se encuentran **FOX News, CNN, ABC News, AP, Reuters, AFP, BBC News, CBC, NPR** o **Weather.com.**

Hay también información procedente de **blogs**, de **comunicados de prensa**, de medios especializados en distintas áreas y **material propio** realizado por Yahoo!, aunque es minoritario (por ejemplo, «**Kevin Sites in the Hot Zone Video**» o «**People of the Web**»).

Además, cualquier usuario puede **añadir** las fuentes de información que le interesen –cualquier otro medio, blog o página informativa online– haciendo uso del servicio de RSS (sindicación de contenidos). Una vez seleccionadas las fuentes, le aparecerán en la sección correspondiente.

En Yahoo! News la información está ordenada por secciones y subsecciones y por los **grandes temas de actualidad**. En cada sección podemos también ver las noticias ordenadas por fuentes.

Por otra parte, siempre tenemos la opción de realizar **búsquedas** o **crear alertas** de noticias (que recibiremos por correo electrónico según las preferencias que indiquemos).

El servicio de noticias de Yahoo! está disponible en distintos idiomas a través de las diferentes ediciones internacionales del portal. En español existe **Yahoo! Noticias**, ofrecido por Yahoo! España (www.yahoo.es), y el servicio de noticias de **Yahoo! Telemundo**, dirigido al mercado hispano de EEUU y Latinoamérica (telemundo.yahoo.com). En cada uno de estos casos los proveedores de información, los medios utilizados por Yahoo!, son distintos.

Medios especializados

News.com

www.news.com

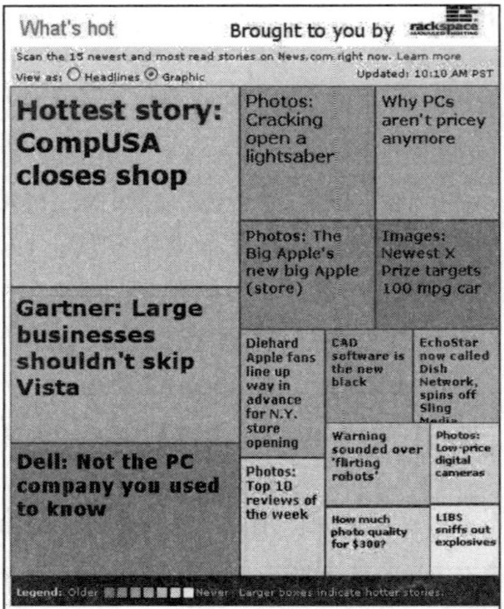

News.com es útil para estar al día sobre el mundo de la tecnología.

News.com es una de las principales referencias en el mundo de la **información tecnológica.**

Es un medio únicamente online realizado por la compañía californiana **CNET Networks.**

Una de las novedades funcionales que ofrece News.com (ver imagen) es **«What's hot»**, una representación visual de cuáles son **las noticias más importantes en cada momento** en la web. El gráfico de «What's hot» muestra distintas cajas con las 15 noticias más recientes publicadas en la web. El tamaño de cada caja viene determinado por el mayor o menor número de consultas a la noticia respectiva: a mayor tamaño, más popularidad de la noticia.

Idioma: inglés.

MediaStorm

www.mediastorm.org

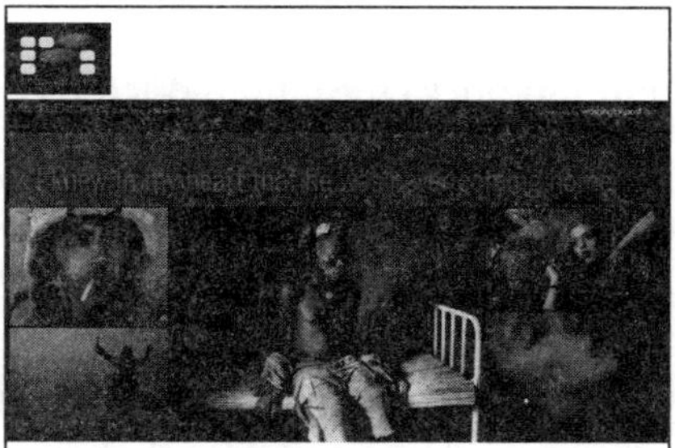

MediaStorm es útil si queremos descubrir las enormes posibilidades multimedia que ofrece la web a la hora de informar.

Un buen ejemplo de las múltiples posibilidades **interactivas y multimedia** que ofrece Internet a la hora de informar nos lo ofrece MediaStorm, un estudio de producción multimedia que tiene su sede en Nueva York.

MediaStorm realiza documentales en los que incorpora y combina elementos de **fotoperiodismo, interactividad, animación, audio y vídeo**. Los documentales están ideados para ser distribuidos a través de distintos medios.

El equipo de MediaStorm ha ganado varios premios, entre ellos un Emmy en la categoría de Documentales para Banda Ancha y un Webby Award –galardón considerado como el Oscar de Internet– en la categoría de Revista.

Consulta portadas de periódicos de todo el mundo

Newseum

www.newseum.org
www.newseum.org/todaysfrontpages/

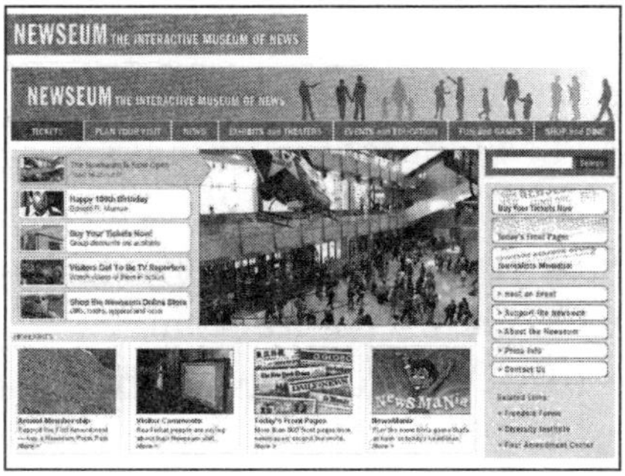

¿Un museo dedicado al mundo de la noticias? Existe, se llama **Newseum** y está ubicado en Washington, DC (Estados Unidos). En abril de 2008 abrió su nueva sede, un moderno edificio de siete plantas en el que los visitantes encontrarán y podrán participar en todo tipo de exposiciones y actividades relacionadas con los medios de comunicación.

La web del Newseum aparece en este libro por una de sus utilidades, llamada «**Today's Front Pages**», que nos permite ver cada día **centenares de portadas de periódicos de todo el mundo**. Es como si estuviésemos frente a un **gigantesco quiosco** en el que se nos ofrecen diariamente periódicos de todos los rincones del planeta.

Podemos consultar las portadas que nos interesen de distintos modos: por **listados** (ordenados geográficamente) o a través de un **mapa interactivo**. Al hacer clic en la miniatura de una portada, accedemos a una imagen ampliada de la misma. Esa misma imagen la podemos consultar y descargar en formato PDF para leerla con más comodidad. Además, siempre existe un enlace a la web del periódico respectivo.

La web del Newseum es útil porque nos permite consultar gratis cada día las portadas de centenares de periódicos de todo el mundo.

Selección de medios:

En español:

- **EL PAÍS**: www.elpais.com
- **El Mundo**: www.elmundo.es
- **20 Minutos**: www.20minutos.es
- **La Vanguardia**: www.lavanguardia.es
- **Clarín**: www.clarin.com
- **BBC Mundo**: www.bbcmundo.com
- **Univisión**: www.univision.com

En catalán:

- **3cat24.cat:** www.3cat24.cat
  El portal informativo de Televisió de Catalunya y Catalunya Ràdio.

En inglés:

- **The New York Times:** www.nytimes.com
- **BBC News:** news.bbc.co.uk_
  La BBC, una autoridad mundial informativa, cuenta con una oferta de altísima calidad en Internet. Su web en inglés, BBC News, es una referencia indiscutible y ha recibido numerosos premios.
- **The Guardian:** www.guardian.co.uk
- **The Wall Street Journal:** www.wsj.com
- **Washington Post:** www.washingtonpost.com
- **Financial Times:** www.ft.com
- **The Times:** www.timesonline.co.uk
- **International Herald Tribune:** www.iht.com
- **CNN:** www.cnn.com
- **MSNBC:** www.msnbc.com
- **USA Today:** www.usatoday.com
- **Wired:** www.wired.com
- **NPR:** www.npr.org
  Web de la National Public Radio americana. Ofrece un excelente y muy premiado servicio de podcasts informativos.
- **Reuters:** www.reuters.com

En francés:

- **Le Monde:** www.lemonde.fr

En alemán:

- **Spiegel:** www.spiegel.de

En italiano:

- **La Repubblica:** www.repubblica.it
- **Il Corriere della Sera:** www.corriere.it

Todos estos medios son útiles para seguir al minuto la información en los respectivos idiomas.

■ Comunicación ■

Abre una cuenta gratuita de correo electrónico web

¿Cuál es la principal actividad en la red? O dicho de otro modo: ¿qué es lo que más hacemos los usuarios cuando nos conectamos a Internet? La respuesta es sencilla: **utilizar el correo electrónico.** Todos los estudios realizados sobre el uso de Internet coinciden en señalar que enviar y recibir mensajes de correo electrónico es la actividad número uno de los usuarios, o al menos una de las más habituales.

Millones de internautas disponen en el ordenador de su casa o del trabajo de alguna aplicación de correo electrónico (como por ejemplo el programa Outlook de Microsoft). Pero además son también millones los usuarios que cuentan con una o varias **cuentas personales de correo electrónico web**, también conocido como *webmail,* que les permite consultar y enviar mensajes desde cualquier equipo que esté conectado a Internet, aunque no sea el suyo, utilizando simplemente un navegador web.

Grandes compañías de internet como Yahoo! (**Correo Yahoo!** o **Yahoo! Mail**), Google (**Gmail**), Microsoft (**Windows Live Hotmail**) o AOL (**AOL Mail**), entre muchas otras, ofrecen cuentas gratuitas de correo electrónico web a cualquier usuario que lo desee.

Hasta hace unos años estos servicios de webmail tenían una capacidad bastante limitada de almacenamiento, lo que impedía guardar un número elevado de mensajes. Este ya no es así, y los cuatro servicios mencionados en este capítulo –que son los cuatro con un mayor número de usuarios en todo el mundo– cuentan con una **capacidad de almacenamiento** de mensajes superior a 1GB (en algunos casos, ilimitada), lo que permite guardar sin problemas miles de mensajes.

Para poder disponer de cualquiera de estos servicios hay que registrarse en la web correspondiente, ya que necesitaremos un nombre de usuario (o ID) y una contraseña para acceder a nuestra cuenta de correo electrónico.

Estos cuatro servicios de webmail comparten algunas funcionalidades: todos permiten, por ejemplo, archivar los mensajes, crear contactos, buscar entre los mensajes almacenados, acceder a la mensajería instantánea para comunicarse con nuestros contactos o acceder a los mensajes desde dispositivos móviles, entre otras posibilidades.

Yahoo! Mail o Correo Yahoo!

mail.yahoo.com
es.mail.yahoo.com

El correo de Yahoo! ofrece capacidad ilimitada de almacenamiento de mensajes.

Gmail

www.gmail.com

Espacio prácticamente ilimitado (Google lo va ampliando continuamente) y visualización de los mensajes como si fuesen **conversaciones** (las respuestas a un mensaje aparecen agrupadas, no como mensajes por separado).

Windows Live Hotmail

www.hotmail.com

El correo web de Microsoft ofrece gratis 5 GB de capacidad y distintas opciones personalizables (colores, temas, vistas...).

AOL Mail /AOL Correo

www.aol.es
correoelectronico.aol.es

Capacidad ilimitada y mensajería instantánea integrada (AOL Instant Messenger).

Estos servicios de webmail son útiles para poder tener una o varias cuentas personales de correo electrónico gratuito y de gran capacidad. Nos permite disfrutar del email desde cualquier lugar y en cualquier momento.

Utiliza la mensajería instantánea para comunicarte en tiempo real con otros usuarios

La mensajería instantánea es un sistema de comunicación a través de Internet que nos permite mantener conversaciones en tiempo real con otro u otros usuarios. Estas conversaciones pueden ser en forma de texto o chat, de manera hablada –como si utilizásemos el teléfono– o mediante videoconferencia con el uso de una webcam.

Los programas de mensajería instantánea son muy populares en la red y una de las herramientas más utilizadas por muchos usuarios, tanto para comunicarse en el trabajo como para estar en contacto con sus amigos. Para muchos jóvenes y adolescentes el «messenger» se ha convertido en parte esencial de sus vidas.

Para utilizar la mensajería instantánea debemos instalar en nuestro equipo alguna de las aplicaciones existentes, que son gratuitas. En función de la que escojamos deberemos tener una cuenta de correo en el portal correspondiente.

Una vez hayamos escogido un nombre de usuario, lo podemos comunicar a nuestros amigos para que nos incluyan en su lista de contactos.

Mientras estemos navegando por Internet, y con la aplicación de mensajería instantánea abierta, podremos indicar nuestro estado para que nuestros contactos sepan si estamos disponibles para hablar o no. Para comunicarnos con cualquiera de nuestros amigos simplemente lo debemos seleccionar de la lista de contactos y escribir un mensaje en la ventana correspondiente. Si disponemos de micrófono podemos hablar con nuestros contactos, y si queremos podemos utilizar una webcam para que también nos puedan ver. Una de las opciones que ofrece la mensajería instantánea es la de enviar ficheros mientras estamos hablando. Las conversaciones pueden ser entre sólo dos usuarios o con un grupo mayor de personas.

Los programas de mensajería instantánea más utilizados son los siguientes:

- **Windows Live Messenger:** get.live.com/messenger/overview
- **Yahoo! Messenger:** messenger.yahoo.com
- **AIM (AOL Instant Messenger):** www.aim.com
- **ICQ:** www.icq.com
- **Google Talk:** www.google.es/talk

La mensajería instantánea es útil para comunicarnos en tiempo real con amigos, familiares o compañeros de trabajo.

Llama gratis (o muy barato) por teléfono a cualquier lugar del mundo

Gracias a Internet, hablar con familiares, amigos o compañeros de trabajo de cualquier lugar del mundo ha dejado de ser algo caro que se reserva sólo para las ocasiones especiales o imprescindibles.

La llamada **telefonía IP** –servicios de telefonía prestados a través de internet– ha supuesto toda una **revolución** en el mundo de las comunicaciones al permitir mantener conversaciones telefónicas entre cualquier lugar del planeta de forma **completamente gratuita o mucho más barata** que con un operador telefónico tradicional.

En algunos casos, para hacer uso de estos servicios el usuario debe instalar en su ordenador alguna de las aplicaciones disponibles (en este capítulo se presentan las más destacadas). Además, por supuesto, tendrá que contar con **micrófono y auriculares** conectados a su ordenador.

Skype

www.skype.com

Skype es útil para ahorrarnos dinero en nuestras llamadas telefónicas, especialmente las internacionales.

Skype es el **servicio de telefonía por internet** más popular del mundo. A finales del año 2007 contaba con más de 276 millones de usuarios registrados. Para utilizar Skype hay que instalar su aplicación gratuita en el ordenador personal (el programa se puede descargar desde la web de la empresa, www. skype.com).

Una vez instalado el programa, el usuario debe crear una cuenta gratuita y seleccionar el nombre de usuario que desee. A partir de ese momento podrá empezar a **hablar por teléfono con otros usuarios de Skype** sin ningún tipo de restricción. Una vez sepa el nombre del usuario al que quiere llamar, lo deberá incluir en su lista de contactos.

En todo momento, tanto el propio usuario como sus contactos pueden indicar si están disponibles o no para hablar. Cuando lo estén, basta con pulsar el botón de llamada para establecer contacto telefónico.

Además, los usuarios de Skype también pueden mantener **conversaciones textuales en directo,** al igual que se hace con las aplicaciones de **mensajería instantánea.** Y si disponen de la **webcam** apropiada, tienen la opción de realizar de manera gratuita **videollamadas.**

Gracias al servicio **SkypeOut,** los usuarios de Skype también pueden hacer llamadas telefónicas a **números fijos o móviles** de cualquier lugar del mundo, aunque no se trate de usuarios de Skype. En este caso, el coste suele ser similar al de una **llamada local**; por tanto, mucho más barato que una llamada internacional. Por establecimiento de llamada se cobran 45 céntimos de euro (tarifa de febrero de 2008) y el coste por minuto parte de los 17 céntimos de euro que cuestan las llamadas a numerosos países. Para hacer estas llamadas, el usuario debe comprar a Skype crédito por una determinada cantidad o hacer uso del servicio Skype Pro.

La última novedad de Skype es su **servicio móvil.** La compañía ha lanzado un terminal móvil, llamado *3 Skypephone*, que permite realizar llamadas por Skype directamente desde el móvil, sin necesidad del PC. A principios de noviembre de 2007 se pusieron a la venta en Gran Bretaña los primeros terminales de este modelo. Posteriormente el servicio se amplió a otros siete países: Australia, Italia, Hong Kong, Suecia, Dinamarca, Austria e Irlanda.

Skype nació en el año 2003 y, desde 2005, es propiedad de la compañía de comercio electrónico eBay.

Idiomas: Skype está disponible en múltiples idiomas, entre ellos el español y el inglés.

Gizmo

www.gizmoproject.com

Gizmo es la principal alternativa a Skype. Ofrece funcionalidades muy similares, incluido el servicio de pago para llamar a teléfonos de cualquier parte del mundo a **tarifas reducidas.**

Entre otras opciones, Gizmo permite comprobar la **calidad** de la llamada en curso, elegir el estado de conexión en que nos encontremos (disponible, ausente/no molestar, inactivo, al teléfono, desconectado), ver en un mapa la ubicación de cada llamada, utilizar la **mensajería instantánea** con cualquiera de nuestros contactos o **grabar** cualquier llamada para poder revisarla posteriormente.

Idiomas: español e inglés, entre otros.

> **Gizmo es útil** si no queremos gastar dinero con llamadas telefónicas de larga distancia.

JAJAH

www.jajah.com

A diferencia de Skype y Gizmo, Jajah no requiere que el usuario instale nada en su equipo. Lo único que necesita para hacer una llamada es disponer de conexión a Internet e ir a la web de Jajah. Una vez allí, debe introducir su número de teléfono (fijo o móvil), el número de la persona a la que quiera llamar, y hacer clic en el botón «Call». Jajah establecerá la llamada, avisando primero al usuario que está llamando –sonará su teléfono– y posteriormente llamando al receptor de la llamada.

Jajah ofrece **tarifas telefónicas muy reducidas.** Básicamente, se trata de tarifas similares a las de una llamada local. Por ejemplo, llamar de un fijo español a un fijo de Estados Unidos cuesta 2,5 céntimos el minuto (desde un móvil sube a 16,5 céntimos el minuto). Si la llamada es a México, el minuto de fijo a fijo cuesta 4,5 céntimos, y si se trata de Argentina el coste es de 3,2 céntimos por minuto (tarifas de finales de enero de 2008). En la web de Jajah están disponibles, actualizadas, todas las tarifas.

En determinados casos las **llamadas realizadas entre usuarios registrados y activos** de Jajah pueden llegar a ser totalmente **gratuitas.** Es el caso, por ejemplo, de las llamadas entre teléfonos fijos de España y países como Argentina, Brasil, Chile, Francia, Alemania, Italia, Japón, Holanda, Portugal, Suiza, Gran Bretaña o Venezuela, entre otros. Jajah aplica una política de **«uso justo»** para que efectivamente estas llamadas puedan ser totalmente gratuitas. Este «uso justo» implica que los usuarios también hagan uso de los servicios de pago.

Para las empresas existe el servicio **Jajah Business,** que ofrece ahorros en la factura telefónica que pueden llegar a ser importantes (según la empresa, de hasta el 65%).

Idiomas: Jajah está disponible en español e inglés, entre otros idiomas.

Jajah es útil si queremos hablar por teléfono gratis o pagando tarifas reducidas sin necesidad de instalar nada en nuestro ordenador.

Herramientas

Consulta múltiples fuentes de información con un lector RSS

A medida que vamos ganando experiencia en Internet, va aumentando también el número de fuentes de información que queremos consultar. ¿Cómo podemos seguir estando al día sobre los temas que más nos interesan sin perder mucho tiempo navegando por todos esos sitios? La respuesta la tienen los llamados lectores RSS, entre ellos Google Reader.

Google Reader

www.google.es/reader

Google Reader es el lector RSS ofrecido por el buscador Google. Básicamente lo que nos permite hacer Google Reader es consultar, desde una misma página, todos las webs que queramos.

Para ello debemos darnos de alta en el servicio, creando una cuenta de Google si todavía no la tenemos, y empezar a seleccionar las fuentes de información que nos interesen. Seleccionar las fuentes es muy sencillo: podemos examinar las muchas que Google Reader nos ofrece o añadir directamente la que nosotros queramos utilizando el botón «Añadir suscripción» e introduciendo la dirección correspondiente.

Una vez añadidas esas fuentes, basta con que hagamos clic en cualquiera de ellas para que aparezcan en la parte central de la página los últimos titulares publicados por dicha web. Gracias al sistema de sindicación RSS, Google Reader está siempre actualizado: cada vez que se publique un nuevo contenido en la web que hayamos seleccionado, éste aparecerá de forma automática en Google Reader. Si hacemos clic en alguno de los titulares presentados, nos iremos a la página original donde se ha publicado.

En Google reader podemos marcar con una estrella o compartir con otros usuarios aquellos contenidos que nos hayan parecido más interesantes.

Idioma: español, inglés y otros.

> **Google Reader es útil** para poder ver de un vistazo, de manera muy sencilla y gratuita, los nuevos contenidos publicados en todas aquellas webs que nos interesen. Con Google Reader ahorraremos tiempo y ganaremos eficacia.

Marcadores sociales

Hace unos años la manera más habitual de guardarnos una página que nos interesara era añadiéndola a los favoritos de nuestro navegador. Esto tenía distintas limitaciones, entre ellas que no siempre nos conectábamos a Internet desde ese equipo y, por tanto, no siempre las teníamos disponibles.

Esta forma de organizar la información que nos interesa de Internet ha cambiado radicalmente gracias a la aparición de los llamados marcadores sociales, servicios que nos permiten guardar nuestros favoritos directamente en la red, añadiendo información que nos puede ser posteriormente útil para localizarlos de nuevo, como notas o etiquetas para categorizar cada una de las webs.

Dos de los servicios más útiles en este campo son Del.icio.us y StumbleUpon.

Del.icio.us

<u>del.icio.us</u>

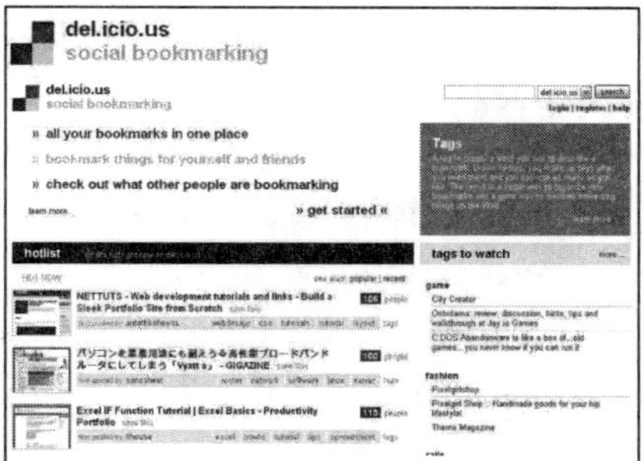

Del.icio.us es útil. Muy útil. De hecho, de todas las webs que he ido recomendando estos últimos años a las personas de mi entorno, del.icio.us ha sido una por la que más muestras de agradecimientos he recibido. Utilízalo y descubrirás una forma completamente nueva y muy práctica de organizar tu información favorita en Internet y de aprovechar la inteligencia colectiva que aportan miles y miles de usuarios de este servicio.

Para empezar a utilizar del.icio.us debemos crear una cuenta gratuita de usuario, facilitando un nombre de usuario, una contraseña y un correo electrónico de contacto. Una vez creada nuestra identidad, podemos empezar a **guardar nuestras páginas favoritas.**

Lo más útil es instalar en la **barra de nuestro navegador** un botón que nos permitirá añadir fácilmente cualquier página por la que estemos navegando. En del.icio.us se explica cómo hacerlo, es muy sencillo (normalmente, basta con arrastrar un icono a la barra del navegador).

Lo siguiente es ir a una web que queramos guardar, hacer clic en el botón «**post to del.icio.us**», e incluir la información que queramos en el formulario que aparecerá a continuación.

Podemos poner un título a la página, añadir nuestras propias **notas** y, lo más importante, asignar **etiquetas** a esa página (palabras clave que queramos utilizar para identificarla más fácilmente). Estas etiquetas son muy importantes porque después, cuando accedamos a nuetra página de del.icio. us, podremos ver todas las páginas que hemos guardado haciendo clic en cada una de las etiquetas que hayamos utilizado.

Por ejemplo, si soy un profesional o aficionado del diseño, cada vez que encuentre una web interesante que esté relacionada con el diseño, la puedo guardar en del.icio.us utilizando la etiqueta «diseño», entre las palabras clave.

Pero el servicio de del.icio.us y de otras webs similares no acaba aquí. De hecho, esto es el principio, y falta una segunda parte importantísima: la posibilidad de **compartir con otros usuarios nuestros favoritos** y, al mismo tiempo, de ver qué páginas han guardado públicamente otros usuarios (siempre existe la opción de mantener el servicio de manera privada). Una opción interesante de del.icio.us es que nos permite crear redes para compartir con grupos de usuarios específicos los favoritos que vamos encontrando.

Cuando guardamos una página en del.icio.us, podremos ver **cuántos usuarios la han guardado también**, y de esta manera quizás descubrir páginas relacionadas que hayan seleccionado esos mismos usuarios.

Hay cada vez más usuarios que utilizan del.icio.us como si fuera un **buscador**. A través del buscador de del.icio.us, basta con poner la palabra clave que nos interese para ver qué páginas son las más guardadas por el conjunto de los usuarios sobre ese tema. Los resultados suelen ser muy útiles.

StumbleUpon

www.stumbleupon.com

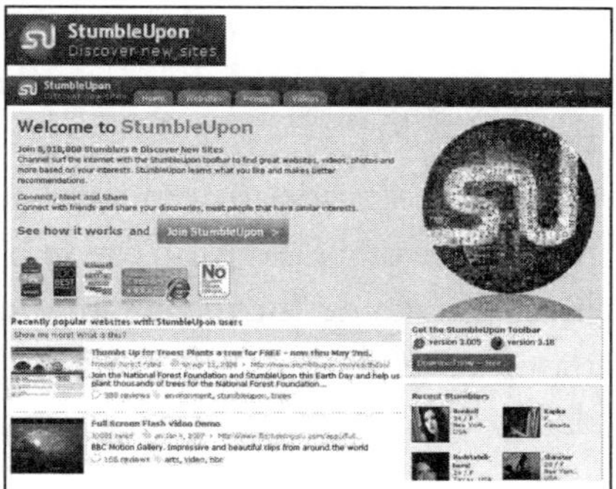

StumbleUpon es útil para descubrir nuevas páginas de Internet seleccionadas por usuarios con intereses similares a los nuestros y para guardar nuestros propios favoritos.

StambleUpon es una de las mejores alternativas a del.icio.us en el campo de los marcadores sociales.

Para utilizarlo debemos registrarnos e instalar en nuestro navegador la **barra de herramientas** de StumbleUpon, algo que en febrero de 2008 habían hecho ya más de 4 millones de usuarios de todo el mundo.

Según vamos **seleccionando y evaluando las páginas que nos gustan,** el sistema va aprendiendo de nuestras preferencias y nos **recomendará** otros sitios similares que coincidan con nuestros intereses. Y lo hará a partir de lo que hayan seleccionado otros usuarios.

Pero StumbleUpon va un paso más allá y pretende ser también una **red social** en la que podamos descubrir a otros usuarios con intereses similares a los nuestros. Cada usuario cuenta con una página en la que se muestran sus páginas favoritas y, si quiere, con un blog.

Guarda archivos de forma segura

¿Qué pasaría si nos entrase un virus en nuestro ordenador y destruyera todos nuestros documentos, o si se estropease nuestro disco duro y perdiésemos toda la información? El daño podría ser muy elevado si no contáramos con una copia de seguridad de, al menos, nuestros archivos más importantes.

En este sentido, Internet nos ofrece diversas soluciones, gratuitas o de pago (en función de la opción que escojamos), para ir realizando de forma automática una **copia de seguridad** de todos aquellos archivos que nos interesen, que quedarán guardados de manera **remota y segura** en internet, y que podremos recuperar cuando queramos.

iDrive

www.idrive.com

iDrive es un **servicio *online* de copia de seguridad o *backup* automático** y seguro de nuestros archivos (documentos, fotos, vídeos...) que ofrece una capacidad de almacenamiento de hasta **2 GB de manera gratuita**, y espacio ilimitado para uso personal por 4,95 dólares al mes o 49,5 dólares al año. Existen también planes para uso profesional a partir de 9,95 dólares al mes.

Para utilizarlo debemos descargar e instalar en nuestro equipo, desde la web de iDrive, la aplicación **iDrive Online Backup**. Una vez instalada, nos registraremos y seleccionaremos las **carpetas** cuyos archivos queramos ir **guardando de manera automática** en los servidores de iDrive, según el calendario de sincronización que establezcamos.

iDrive ofrece dos opciones: iDrive Classic e iDrive Explorer. La diferencia fundamental entre una y otra es que la segunda, iDrive Explorer, funciona como si tuviésemos un dispositivo adicional de almacenamiento instalado en nuestro ordenador en el que podemos, por ejemplo, copiar archivos simplemente arrastrándolos desde su ubicación original o mediante la tradicional opción de copiar y pegar.

Idiomas: inglés.

> **iDrive es útil** para disfrutar de la tranquilidad que da saber que contaremos siempre con una copia de seguridad de nuestros documentos más importantes, pase lo que pase con nuestro equipo.

Otras soluciones

MediaMax: www.mediamax.com

MediaMax ofrece hasta **25 GB gratuitas** para almacenar de manera segura nuestros vídeos, fotos, canciones y otros archivos. El acceso a nuestros ficheros lo podemos realizar desde cualquier navegador web. Una de las opciones que ofrece MediaMax es la de compartir archivos con otros usuarios. Además de la cuenta básica gratuita, existen varias opciones de pago para obtener mayor capacidad de almacenamiento (4,95 dólares para 100 GB, 9,95 dólares al mes para 250 GB y 29,95 dólares para 1.000 GB).

La compañía ofrece una aplicación para Windows, **MediaMax XL**, que permite automatizar el proceso de copia de seguridad de aquellas carpetas y archivos que queramos conservar.

Idiomas: inglés.

Mozy: www.mozy.com

Mozy es uno de los servicios más populares de backup. Para usuarios individuales, Mozy tiene un coste de **4,95 dólares al mes** y capacidad ilimitada de almacenamiento.

Box: www.box.net

Otra alternativa para nuestras copias de seguridad en internet. Box ofrece un **servicio básico gratuito de 1 GB** de capacidad y varios servicios de pago (5 GB por 7,95 dólares al mes o 15 GB por 19,95 dólares).

> **Estos servicios son útiles** si queremos conservar copias seguras de nuestros archivos de forma gratuita o a precios muy asequibles.

Envía y recibe archivos muy pesados por correo electrónico

Es cada vez más frecuente encontrarse en la situación de querer enviar por correo electrónico un **archivo muy pesado**. Por ejemplo, un vídeo de varios minutos de duración o fotografías de alta resolución. En general, los programas de correo electrónico establecen límites al tamaño de los ficheros adjuntos (es frecuente que el límite sea de 10 MB), por lo que enviar este tipo de ficheros pesados se convierte en misión imposible.

Pero en internet existen webs dedicadas precisamente a esto: facilitar el envío de ficheros grandes. Éstas son algunas de las más útiles:

Pando: www.pando.com

Pando es una **aplicación P2P gratuita** que nos permite **compartir, descargar o emitir a través de Internet ficheros de gran peso** de manera muy simple. Una vez descargado el programa en nuestro equipo, podemos empezar a adjuntar archivos pesados (**hasta 1 GB**) a nuestro correo electrónico, compartir una carpeta de nuestro equipo con otro usuario con el que estamos manteniendo una conversación por mensajería instantánea o publicar un vídeo en Internet para que otros usuarios puedan descargarlo. Una gran solución que está teniendo gran éxito entre los internautas.

DriveWay: www.driveway.com
Es un servicio ofrecido por **iDrive**. Permite enviar de forma gratuita archivos de **hasta 500 MB**, sin límites para el número de descargas, de manera que podemos compartir el enlace a nuestro archivo con distintos usuarios sin ningún problema.

YouSendIt: www.yousendit.com
La opción gratuita de YouSentIt permite enviar archivos de **hasta 100 MB** de peso con un máximo de 1 GB de transferencia al mes (es decir, si el archivo pesa 100 MB, lo podrían recibir un máximo de 10 usuarios). Las versiones de pago, que ofrecen mucha más capacidad, parten de los 9,99 dólares al mes (ficheros de un máximo de 2 GB).

Otras opciones:

SendThisFile: www.sendthisfile.com
DropSend: www.dropsend.com

> **Estos servicios son útiles** cuando necesitamos enviar a alguien un archivo tan pesado –por ejemplo, un vídeo largo o una presentación con muchas imágenes– que no lo podemos hacer a través del correo electrónico.

Haz encuestas

¿Quieres hacer una encuesta entre tus clientes, empleados, visitantes de tu web o simplemente entre tus amigos o familiares? En Internet existen varias herramientas que te permiten hacerlo de forma muy profesional y a un coste muy bajo o incluso totalmente gratuito.

Estos son dos servicios que te recomiendo:

Encuestafacil.com

www.encuestafacil.com

Esta web, dirigida al **mercado español y latinoamericano**, ofrece la posibilidad de realizar gratuitamente un número ilimitado de encuestas con un máximo de 100 respuestas, o sin límite de respuestas pagando una cuota.

El servicio funciona del siguiente modo. Tras registrarnos, podemos empezar a crear nuestra primera encuesta en el apartado «mis encuestas». Podemos optar por utilizar alguna de las **más de 50 plantillas** existentes, crear la encuesta desde cero o, cuando ya tengamos algunas realizadas, basarnos en una plantilla anterior.

A la hora de diseñar el cuestionario podemos elegir entre **18 tipos de preguntas** y aplicar **filtros**. Siempre tenemos la opción de añadir o quitar preguntas y páginas.

Las encuestas pueden tener clave de acceso y ser públicas o privadas. A la hora de personalizar el aspecto de las mismas, es posible insertar un logotipo o cambiar los colores.

Una vez tenemos la encuesta totalmente diseñada llega el momento de lanzarla para empezar a recoger **respuestas**. Encuestafacil.com ofrece varias vías para ello: a través del correo electrónico, vía web, etc.

Los resultados, que se pueden ir consultando en **tiempo real** según van llegando las respuestas, pueden **descargarse** también en formato CSV (para trabajar con ellos con programas como Excel o similares).

Encuestafacil.com ofrece en su web numerosos **ejemplos** de encuestas que pueden servir de inspiración a la hora de crear la nuestra. Estos ejemplos permiten también ver las múltiples posibilidades que ofrece una herramienta de estas características. Por ejemplo, podemos lanzar encuestas para conocer el grado de satisfacción del cliente, hacer tests de precios o nombres, evaluar el contenido y los servicios que ofrecemos en una web, conocer el clima laboral de una empresa, evaluar una asignatura o a su profesor, planificar un evento o una fiesta, etc.

Idioma: español.

SurveyMonkey

www.surveymonkey.com

Esta herramienta, disponible en inglés, tiene como principal objetivo «permitir a cualquier persona crear **rápida y fácilmente encuestas profesionales online**». Y realmente lo consigue.

La **opción gratuita** de SurveyMonkey.com permite plantear una máximo de **diez preguntas por encuesta** y recoger un total de **100 respuestas**. El servicio de **pago** (20 dólares al mes o 200 dólares al año, según tarifas de finales de 2007) amplía enormemente estas posibilidades.

SurveyMonkey.com ofrece un **sistema muy intuitivo** de creación y diseño del cuestionario, una manera fácil de recopilar respuestas y poderosas herramientas de análisis de los resultados.

Idioma: inglés.

> **Encuestafacil.com y SurveyMonkey.com son útiles** si queremos realizar fácilmente –gratis o a un precio muy económico– encuestas de carácter profesional entre nuestros clientes, trabajadores, familiares o amigos. Ahorraremos dinero y podremos tomar mejores decisiones.

Calcula tu sueldo neto o bruto

Calculatusueldo.com

www.calculatusueldo.com

¿Cuánto cobraré cada mes si mi sueldo bruto es, por ejemplo, de 23.000 euros al año? ¿Cuánto debo pedir en bruto a mi empresa si quiero ganar 1.600 euros netos al mes? Descúbrelo fácilmente en esta web, en la que se ofrecen diversas **calculadoras** útiles tanto para empleados como para responsables de recursos humanos.

En concreto, existe una calculadora para conocer cuál es el **salario neto mensual** para un sueldo bruto determinado y otra para lo contrario: qué **sueldo bruto anual** corresponde a un salario neto mensual. La web está desarrollada por el grupo **AFI** (**Analistas Financieros Internacionales**).

> **Calculatusueldo.com es útil** para resolver rápidamente, por nuestra cuenta, las dudas sobre nuestro sueldo neto y bruto.

Controla tus finanzas personales

MoneyTracking

http://www.moneytracking.com

«Contabilidad online para gente real». Así se autodefine esta web, una herramienta online gratuita que nos permite **gestionar nuestro presupuesto personal o familiar** de manera sencilla a través de Internet con el objetivo de que cada usuario pueda «tener una visión clara de su **situación financiera**» en todo momento.

En MoneyTracking podemos crear tantas cuentas o proyectos como queramos. Así, podemos por ejemplo mantener la **contabilidad familiar** por un lado y la de un **negocio** por otro. Todas las transacciones (gastos e ingresos) pueden etiquetarse para su mejor organización.

MoneyTracking cuenta con una comunidad de usuarios en la que éstos intercambian **consejos** para ahorrar dinero.

En MoneyTracking podemos importar nuestros datos bancarios o información procedente de otros programas financieros. En cualquier caso, una de las premisas de MoneyTracking es el **respeto a la privacidad** del usuario: no es necesario dar datos personales para crear una nueva cuenta.

Idiomas: el servicio está disponible en diversos idiomas, entre ellos español, catalán e inglés, y permite operar con distintas monedas.

> **MoneyTracking es útil** porque ofrece una manera eficaz y gratuita de controlar nuestro presupuesto.

Convierte una cantidad de dinero a cualquier divisa del mundo

Oanda.com

www.oanda.com
www.oanda.com/convert/classic

Oanda.com ofrece un convertidor de divisas gratuito que trabaja con 164 monedas distintas.

Idioma: inglés, español y otros.

Cambio de divisas – Yahoo! Finanzas

es.finance.yahoo.com/conversor-divisas

Idioma: español

> Oanda.com y el conversor de divisas de Yahoo! Finanzas son útiles para conocer rápidamente el valor de cambio de cualquier cantidad de dinero en cualquier moneda del mundo.

Redes sociales

Conecta y participa con tus amigos, compañeros y conocidos en las redes sociales

Los servicios que se han puesto más de moda en Internet estos dos o tres últimos años han sido las redes sociales. Se trata de servicios web que nos permiten conectar e interactuar con otros usuarios –amigos, compañeros de trabajo o escuela, conocidos, etc.– de múltiples formas.

Las redes sociales permiten crear comunidades de usuarios que comparten algún tipo de interés. Los integrantes de la red utilizan los mecanismos de contacto que ofrece la misma para intercambiar mensajes, vídeos, fotos, experiencias, enlaces, etc.

MySpace.com

www.myspace.com

MySpace.com es útil para entrar en contacto con otras personas.

MySpace es una comunidad online en la que cada usuario puede crear su propia página personal y entrar fácilmente en contacto con sus amigos o con otros usuarios.

Para utilizar MySpace debemos registrarnos en la web y crear nuestro perfil. El perfil será nuestro espacio en la web, el sitio en el que publicaremos, si queremos, nuestro blog, nuestras fotos o nuestros vídeos: en definitiva, el espacio en el que nos daremos a conocer a otros usuarios.

Una vez establecida nuestra presencia en MySpace podemos empezar a invitar a nuestros amigos para que se unan a nuestra red personal.

MySpace, a diferencia de otras redes sociales, permite entrar en contacto con otros usuarios de manera bastante abierta. En la propia web se anima a sus usuarios a utilizar MySpace «para hacer nuevos amigos, para conocer a alguien especial y quizás también para hacer despertar el amor, informar a tu círculo de amigos de determinados acontecimientos, o instaurar una organización o grupo de gente con las mismas ideas que tú».

Idiomas: inglés, español y otros.

Facebook

www.facebook.com

Facebook es útil si queremos mantener un contacto fluido y estar al día sobre los movimientos de las personas que forman parte de nuestra red social.

Facebook es una red social que nos permite **conectar con nuestros amigos**, con nuestros compañeros de **trabajo** o de **estudio** o con cualquier otra persona con la que compartamos **intereses.**

Para participar en Facebook nos debemos registrar en la web y crear nuestro perfil. Desde ese momento podremos empezar a **invitar** a formar parte de nuestra red a otros usuarios, y muy posiblemente nos empezarán a llegar invitaciones de amigos y conocidos para que entremos y participemos en su mundo.

Facebook nos ofrece la posibilidad de publicar nuestras **fotos**, compartir **vídeos** o **enlaces** interesantes con otros usuarios e intercambiar **mensajes** con nuestros contactos. A través de Facebook es fácil seguir la actividad de todos nuestros contactos, ya que sus movimientos en Facebook quedan reflejados automáticamente en nuestra página.

En Facebook existen multitud de **redes** creadas alrededor de una escuela, una universidad, una empresa o una región.

Una de las características de Facebook es que existen innumerables **aplicaciones**, desarrolladas por terceros, que cada usuario puede escoger y utilizar en función de sus gustos e intereses, normalmente para interactuar de manera más activa con otros usuarios.

Idiomas: inglés y español.

Mantén, amplía y saca partido a tus contactos profesionales

Internet nos ofrece múltiples formas para mantener el contacto con nuestros amigos, familiares y compañeros de trabajo. Entre estas vías de comunicación se encuentran las redes sociales, algunas de las cuales están especializadas en los contactos profesionales.

El objetivo principal de estos servicios es el de permitirnos **sacar el máximo partido a nuestra red de contactos profesionales**, tanto a los que hemos ido haciendo a lo largo de nuestra vida profesional y hemos incorporado a nuestra red *online* como a los profesionales integrados en la red de nuestros contactos.

Gracias a estar redes podemos, por ejemplo, recibir o realizar ofertas de trabajo, ver si tenemos contactos en una empresa con la que queremos hacer algún negocio para facilitar la entrada, o simplemente mantener actualizada nuestra información profesional y la de nuestros contactos, entre otras muchas opciones.

La teoría de los **seis grados de separación** se encuentra en la base de estas redes. Básicamente, esta teoría establece que cualquier persona está conectada a cualquier otra a través de una red de conocidos que no supera los cinco intermediarios. Es decir, cualquier de nosotros podría contactar con cualquier persona –ya sea el Papa, el presidente de Estados Unidos o el miembro de una tribu africana– utilizando como máximo a cinco intermediarios.

LindkedIn

www.linkedin.com

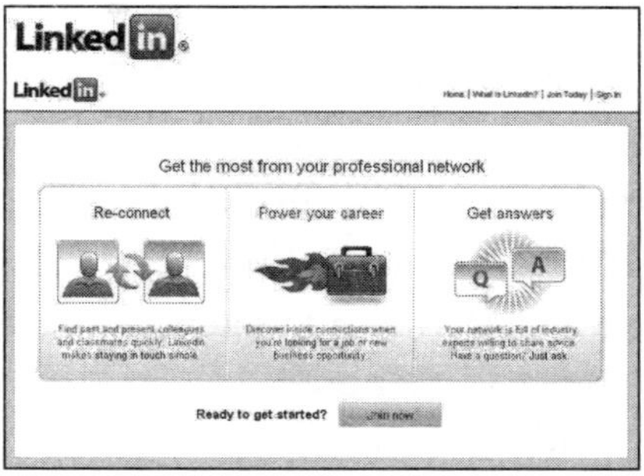

«Las relaciones importan. Tus relaciones profesionales son clave para tu éxito profesional». Esta es la filosofía básica de LinkedIn, una red de contactos profesionales que tiene como misión «ayudarte a ser **más efectivo** en tu trabajo diario y abrir las puertas a **oportunidades** utilizando las relaciones profesionales que ya tienes».

Con más de 17 millones de usuarios procedentes de todo el mundo, LinkedIn es actualmente la red social profesional más importante de internet.

Al registrarnos, LinkedIn nos pide que creemos una primera versión de nuestro perfil profesional (que posteriormente podremos editar siempre que queramos). Eso ayuda al sistema a identificar a posibles contactos ya registrados en LinkedIn (entre antiguos o actuales compañeros de trabajo, clientes, socios, etc.).

En cualquier momento podemos **invitar** a otros usuarios para que se unan a nuestra red de contactos (las invitaciones deben ser aceptadas para que esas personas entren a formar parte de nuestra red). De esta manera vamos ampliando nuestra lista de contactos, lo que nos dará acceso a un número cada vez mayor de profesionales. Así, nuestra red estará integrada tanto por nuestros contactos directos como por los contactos de nuestros contactos.

El registro en LinkedIn es **gratuito**, aunque existen también **cuentas de pago** que proporcionan más herramientas que las básicas para localizar a los profesionales que nos interesen y contactar con ellos.

Una de las áreas destacadas de LinkedIn es la de la **búsqueda de empleo.** Cuando realizamos una búsqueda concreta, LinkedIn nos ofrecerá los puestos disponibles que encajen con la misma y nos dirá si existen en la empresa correspondiente contactos que nos puedan ser útiles (nos indicará el «grado de separación» al que se encuentra el contacto: directo, segundo grado o tercer grado).

Idioma: inglés.

Xing

www.xing.com

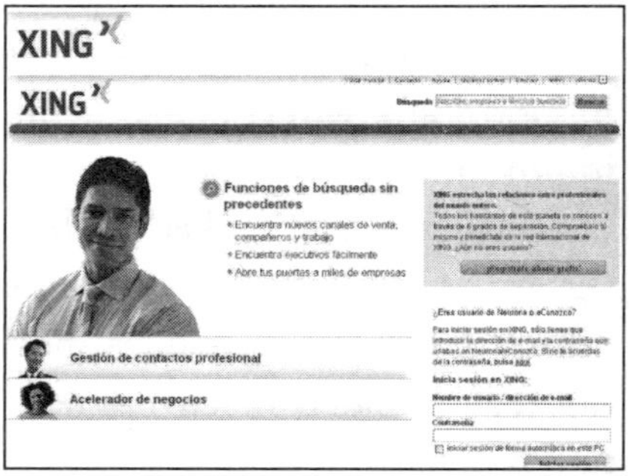

Xing viene a ser la alternativa **europea** a LinkedIn. Nacida en Alemania, Xing se ha ido expandiendo por distintos países, entre ellos España, a través en muchos casos de adquisiciones de otras redes sociales profesionales. En el caso español, Xing se ha quedado con las dos redes más representativas del sector: **eConozco** y **Neurona.com.**

De manera similar a LinkedIn, Xing pretende que la red de contactos de cada usuario se convierta «en un componente activo» de su vida profesional. Así, «más que un listín de personas de negocios, Xing ofrece a sus usuarios la posibilidad de descubrir profesionales, oportunidades de negocio y determinados privilegios».

Al editar nuestro perfil en Xing podemos dar a conocer, además de nuestro currículo, cuáles son los objetivos que perseguimos: **qué busco, qué ofrezco o qué intereses tengo.**

En palabras de la empresa, nuestro perfil en Xing puede funcionar como nuestra «**tarjeta de visita internacional**», en la que incluimos nuestro currículo y los conocimientos que hemos ido acumulando a lo largo del tiempo, y con la que decidimos cómo se nos puede localizar.

A través de Xing podremos entablar nuevas relaciones profesionales, contactar con otros profesionales, mostrar cuáles son nuestras conexiones y gestionar y ampliar nuestra red de contactos.

Idiomas: español, inglés y otros.

LinkedIn y Xing son útiles para crear, ampliar y sacar el máximo partido posible a nuestra red de contactos profesionales.

Crea tu red social familiar

Genoom

www.genoom.com

Genoom es una web gratuita que permite crear tu **árbol genealógico** y tu red familiar de forma segura y privada.

La red familiar se articula alrededor del árbol genealógico de cada familia. La red permite compartir de manera segura y sencilla información, ya que sólo pueden acceder a ella las personas que han sido **invitadas** por familiares integrantes de la misma.

La red la puede iniciar cualquier miembro de la familia. Para ello, debe registrarse facilitando su nombre y apellidos e información básica (si es hombre o mujer, si tiene hermanos y hermanas e hijos o hijas).

Una vez registrado, puede empezar a rellenar información sobre sus familiares, a los que si quiere puede invitar a formar parte de la red. Con ellos podrá compartir fotos, datos, documentos, etc.

Además, Genoom ofrece servicios como un **calendario de cumpleaños,** comentarios en las **fotos** o envío de **mensajes** entre integrantes de la red.

> **Genoom es útil** como herramienta para estar en contacto con nuestros familiares y compartir con ellos todo tipo de información de manera privada.

Administra los contactos de tu libreta de direcciones

Una de las características esenciales de Internet es que facilita enormemente la comunicación con otras personas, con independencia de dónde se encuentren. Y al igual que ha sucedido con el teléfono móvil, es normal que cada día tengamos más datos de contacto de más personas.

Esta acumulación de información no es fácil de gestionar cuando la lista de contactos empieza a crecer y los datos pueden ir cambiando con frecuencia. Y este problema es precisamente el que intentan abordar algunos servicios online especializados en ofrecer herramientas para la creación, mantenimiento y actualización de nuestra libreta de contactos.

Plaxo

www.plaxo.com

Con más de 15 millones de usuarios en todo el mundo, Plaxo es una de las compañías *veteranas* en este sector (el servicio fue lanzado en 2002). Plaxo ofrece un sistema **gratuito y automá-**

tico para mantener **actualizada** en Internet toda la información de nuestros contactos (nombre, dirección, teléfonos, cargo, empresa...). Además del servicio básico gratuito, Plaxo cuenta también con servicios *premium* de **pago.**

En agosto de 2007 Plaxo dio un paso más con el lanzamiento de su propio servicio de red social, llamado **Pulse** (pulse.plaxo.com). Se trata de un sistema que permite agregar de manera automática información publicada por nuestros contactos en distintos sitios sociales de Internet, como **Del.icio.us, Digg, Flickr, MySpace, Twitter, Yelp o YouTube,** entre otros.

Idiomas: inglés, español y otros.

Unyk

www.unyk.com

Unyk, servicio **gratuito** nacido en Canadá en septiembre de 2005 y que cuenta ya con más de 6 millones de usuarios en todo el mundo, es una **libreta de direcciones que se actualiza de manera automática** cada vez que uno de nuestros contactos cambia o introduce algún nuevo dato.

Unyk otorga a cada usuario un **identificador** (una combinación de letras y números, una especie de matrícula del tipo «123 ABC») que es el que podemos facilitar a otras personas o incluir en nuestra tarjeta de visita para comunicar nuestros datos. Ese identificador nunca cambiará aunque nuestros datos de contacto varíen, de manera que los usuarios que tengan nuestro identificador nos podrán localizar siempre.

En Unyk podemos agrupar los distintos contactos que tengamos en **otras libretas de direcciones** (por ejemplo, en Yahoo!, Gmail, Outlook o Hotmail).

Además del servicio gratuito, Unyk vende identificadores personalizados (por ejemplo, con el nombre de cada persona), que cuestan 9,95 euros al año.

Idiomas: inglés, español y otros.

> **Plaxo y Unyk son útiles** para mantener actualizados de manera sencilla y casi sin esfuerzo los datos de contacto de nuestros familiares, amigos o compañeros de trabajo.

■ Relaciones personales ■

Busca y encuentra pareja en Internet

Internet puede convertirse en una herramienta práctica para encontrar pareja. De hecho, en 2006 había más de 3,6 millones de usuarios españoles que hacían uso de alguna de las páginas web de contactos en español, como Meetic o Match.com, entre otras.

Uno de los valores que ofrecen estas páginas es que nos permiten entrar en contacto con personas con las que exista una afinidad de intereses que, de otro modo, probablemente jamás hubiésemos conocido. Como suelen explicar sus promotores, de esta manera existen muchas más probabilidades de encontrar a la persona adecuada.

La seguridad es una de las principales preocupaciones tanto de los usuarios que utilizan estos servicios como de sus promotores, que suelen ofrecer consejos prácticos para evitar problemas. Por ejemplo, Match.com publica en su página las siguientes recomendaciones de seguridad:

1. Empieza despacio
2. Protege tu anonimato
3. Sé cauto y ten sentido común
4. Pide una foto

5. Habla por teléfono
6. Cítate cuando TÚ estés listo/a
7. Estate alerta de signos negativos
8. Queda en un lugar seguro
9. Toma precauciones extras cuando estés fuera de tu terreno
10. Sal de líos

(fuente: http://es.match.com/Help/Safety.aspx)

Dos de los servicios internacionales más importantes en este ámbito tienen presencia en España. Todos ellos son de pago, ofreciendo cuotas mensuales o trimestrales (éstas suelen ser las más utilizadas y rondan los 20 euros mensuales).

Meetic

www.meetic.es

Match.com

www.match.com

(Consumer.es publicó en 2007 un interesante análisis comparativo de los seis principales servicios españoles de este sector, disponible en http://www.consumer.es/web/es/tecnologia/internet/2007/02/14/159917.php)

Trabajo

Busca empleo

La búsqueda de empleo es una actividad que, cada vez más, pasa por Internet. Siguen existiendo muchas formas tradicionales de encontrar trabajo –a través de conocidos, buscando en anuncios publicados en la prensa, mediante el uso de agencias especializadas, etc.–, pero el uso de la red para buscar empleo ha ido ganando terreno de manera muy rápida.

Hoy en día es esencial saber utilizar los recursos que ofrece Internet en este ámbito si queremos encontrar el mejor trabajo posible.

Uno de los recursos a utilizar son los sitios web de empleo: los hay de carácter general –como **Infojobs**, **Monster** o **Hotjobs**, de los que se habla en este capítulo–, especializados en sectores profesionales determinados –que en muchas ocasiones son los que ofrecen mejores resultados– y los que se dedican a agregar ofertas publicadas en otros sitios.

Pero conviene no olvidar otras vías que también pueden resultar muy útiles a la hora de encontrar un nuevo empleo, como hacer un buen uso de las redes sociales profesionales –como **LinkedIn** o **Xing**– o publicar un blog sobre el tema al que nos dediquemos profesionalmente y participar de forma activa en páginas especializadas, lo que puede servirnos de escaparate.

Infojobs.net

www.infojobs.net

InfoJobs.net es la **web de empleo líder en el mercado español** gracias a los más de 4 millones de candidatos que se han registrado en la web y a las más de 100.000 empresas que han publicado sus ofertas de empleo.

Los usuarios que están buscando trabajo pueden darse de alta gratuitamente en InfoJobs.net para **recibir por correo electrónico ofertas de trabajo** en función de sus preferencias, publicar y actualizar sus currículos o hacer un seguimiento de los procesos de selección a los que se hayan apuntado. La simple **búsqueda y consulta** de las ofertas de trabajo publicadas es **gratuita** y no requiere de ningún tipo de registro.

Por su parte, las empresas interesadas en cubrir vacantes pueden publicar sus ofertas en la web –es posible realizar una prueba publicando una oferta de empleo de forma gratuita– y gestionar los procesos de selección.

Idiomas: español.

Monster

www.monster.es y www.monster.com

Monster, que tiene presencia en más de treinta países, es una de las **principales compañías mundiales** de reclutamiento y búsqueda de trabajo en Internet.

Cualquier profesional puede realizar **búsquedas** de empleo en Monster o darse de alta para subir su **CV** y poder así presentarse a aquellas ofertas que le interesen.

Entre las opciones que ofrecen Monster y, en general, el resto de compañías de este sector, se encuentra el servicio de **alertas** por correo electrónico. Cada vez que se publique en la web una oferta de empleo que se ajuste a las condiciones que hayamos especificado, Monster nos avisará por email.

Idiomas: español, inglés y otros.

HotJobs

www.hotjobs.com

HotJobs, que forma parte del conglomerado de propiedades digitales de **Yahoo!**, es otro de los grandes nombres del sector de las ofertas de empleo en Internet.

En HotJobs los profesionales pueden **buscar ofertas de trabajo** por palabra clave, categoría, localización, nivel de experiencia o a través de una combinación de estos factores. La creación de un agente personal de búsqueda de empleo nos permitirá recibir en nuestro correo electrónico las nuevas ofertas publicadas que se ajusten a lo que estamos buscando.

La web nos permite **personalizar** el servicio de diversos modos. Por ejemplo, podemos guardar las búsquedas realizadas o las ofertas interesantes encontradas, además de consultar las estadísticas de acceso a nuestro CV. Si nos interesa, podemos evitar aparecer en las búsquedas de CV realizadas por determinadas empresas.

HotJobs ofrece otros servicios, como una calculadora de salarios y consejos prácticos para la búsqueda de un nuevo empleo.

Para las empresas, HotJobs ofrece distintos servicios orientados a facilitarles la contratación de nuevos empleados. Por ejemplo, además de publicar sus ofertas de trabajo, pueden realizar búsquedas en la base de datos de currículos filtrándolos por distintos criterios (palabra clave, nivel de experiencia, preferencias de empleo, salario, etc.). También cuenta con herramientas para la gestión de los candidatos a un puesto.

Idiomas: inglés.

Indeed

www.indeed.com

Indeed es un magnífico **buscador y agregador** de millones de ofertas de trabajo publicadas en miles de webs de empleo.

El usuario realiza una búsqueda en Indeed como la haría en un buscador como Google. Cada uno de los resultados ofrecidos por Indeed enlaza directamente con la web en la que se publicó originalmente la oferta.

En Indeed se puede buscar por puesto de trabajo, por empresa o por palabras clave, además de limitar los resultados por área geográfica.

Idiomas: inglés.

Simply Hired

www.simplyhired.com

Simply Hired es un **buscador de ofertas de empleo** que se ha marcado el objetivo de «construir la mayor base de datos online de empleos del mundo», y que pretende convertir la búsqueda de ofertas en algo muy sencillo.

Basta con poner el título de un puesto de trabajo, el nombre de una empresa o una habilidad para empezar la búsqueda, que puede restringirse a una zona geográfica determinada.

Idioma: inglés.

NotchUp

www.notchup.com

La característica diferencial de esta nueva empresa es que intenta atraer a los **profesionales que no están buscando** de manera activa un nuevo empleo porque ya están a gusto en su actual puesto. En la portada de la web puede leerse el siguiente mensaje: «NotchUp es para ti si estás feliz en tu trabajo, eres bueno en lo que haces y no estás buscando un nuevo empleo».

Para atraer a estos profesionales, la fórmula que utiliza NotchUp es la de **pagarles** la cantidad que ellos establezcan –por ejemplo, 300 euros– cada vez que acepten **ser entrevistados** por las empresas interesadas en su perfil. En la web se ofrece una herramienta orientativa para calcular el precio que conviene fijar en función del sector, los años de experiencia o el salario actual, entre otros factores.

Entre las empresas que utilizan los servicios de NotchUp se encuentran Google y Yahoo!

Idiomas: inglés.

Otros webs de interés:

- **CareerBuilder:** www.careerbuilder.com
- **Jobster:** www.jobster.com
- **Clasificados.es:** empleo.clasificados.es
  El portal de empleo en Internet de La Vanguardia.

- **Infoempleo.com:** www.infoempleo.com
  Portal de empleo del Grupo Vocento.
- **Laboris.net:** www.laboris.net
  La bolsa de empleo del Grupo Anuntis Segundamano.
- **LatPro:** www.latpro.com
  Portal de empleo dirigido especialmente a profesionales latinos y bilingües que quieran trabajar en Estados Unidos y Latinoamérica. Está disponible en inglés, español y portugués.
- **HacesFalta.org:** www.hacesfalta.org
  El sitio para encontrar oportunidades de trabajo en el mundo de las ONGs, tanto remunerado como voluntario.

Los portales de empleo son útiles cuando queremos buscar trabajo o simplemente saber qué tipo de ofertas se realizan en nuestro sector. Cuentan con herramientas muy prácticas como las alertas por email para avisarnos de nuevas ofertas laborales.

■ Música ■

Descubre, escucha y compra la música que te gusta en Internet

Uno de los sectores que se ha visto más afectado por la aparición de Internet es, sin lugar a dudas, el de la música. Durante los últimos años los hábitos de compra y consumo de música han variado –y siguen haciéndolo– a un ritmo impresionante, lo que está provocando una verdadera **revolución en el sector**.

Las **ventas de CDs** están cayendo en todo el mundo, y algunos predicen incluso su pronta desaparición. Y aunque aumentan las **descargas legales** de música digital, su crecimiento no compensa la caída de ventas de CDs. Además, algunos importantes artistas han empezado a distribuir directamente sus canciones a través de Internet mediante distintas fórmulas, sin contar con las discográficas.

Es de sobras conocido el fenómeno de los **servicios P2P** (*peer-to-peer* en inglés) que permiten el **intercambio gratuito** entre usuarios de archivos digitales de todo tipo, entre ellos canciones y películas. Miles y miles de usuarios utilizan estos servicios (por ejemplo el **Emule**, www.emule-project.net) precisamente para bajarse música o películas de manera gratuita.

La industria discográfica se ha mostrado tradicionalmente contraria a esta práctica, que ha calificado de **piratería**, llegando a denunciar en distintas ocasiones a servicios P2P e incluso a usuarios individuales que habían hecho uso de estas redes para descargarse música.

Al mismo tiempo han ido surgiendo otras muchas iniciativas musicales que sí cuentan con el acuerdo de las discográficas. Es el caso, por ejemplo, de diversas **tiendas** de música, como **iTunes** (de Apple), o de servicios de suscripción de música como **Rhapsody** (propiedad de RealNetworks, sólo disponible de momento para usuarios de EEUU).

Además, han surgido interesantes iniciativas como **Last.fm**, posiblemente el mejor ejemplo de web musical en el ámbito de la Web 2.0, la web participativa o social. Y han empezado a aparecer también proyectos que ofrecen a los usuarios la posibilidad de escuchar música de manera gratuita a cambio de publicidad.

iTunes

<u>www.itunes.com</u>

iTunes es útil para comprar canciones a buen precio de forma segura –sin tener que comprar el CD entero–, organizar toda tu música y descubrir las enormes posibilidades de los podcasts.

Apple ha conseguido dominar el **mercado mundial de las compras de música digital** gracias a la exitosa combinación de dos elementos: el **iPod** y el servicio **iTunes**.

El iPod de Apple se ha convertido con diferencia en el reproductor de música digital más vendido del mundo. Al éxito comercial del iPod hay que sumar el que también ha experimentado **iTunes**, que es al mismo tiempo una aplicación gratuita para la gestión de música digital –disponible tanto para Mac como para PC– y una tienda de música (la que más canciones digitales vende del planeta).

Una vez descargado e instalado en el ordenador el programa iTunes, podemos empezar a organizar y escuchar nuestras canciones, transferirlas al iPod o acceder a **iTunes Store** para comprar nuevos títulos (cada canción, que puede comprarse de manera individualizada, cuesta 0,99 euros).

En la tienda de iTunes también se pueden conseguir juegos para el iPod, audiolibros o podcasts gratuitos (tanto de audio como de vídeo). Los usuarios de Estados Unidos también tienen la posibilidad de comprar y descargar programas de televisión o alquilar películas de cine.

Idiomas: iTunes está disponible, entre otros idiomas, en español e inglés.

Last.fm

www.last.fm

Last.fm es útil para descubrir artistas y canciones que se ajusten a nuestros gustos musicales y para compartir nuestras preferencias musicales con otros usuarios.

Last.fm es una de las webs 2.0 más conocidas en el ámbito de la música. Su lema, la «**revolución social de la música**», define las características esenciales del proyecto: un sitio de música que aprende a partir de lo que escucha cada uno de sus usuarios, de manera que puede realizar **recomendaciones personalizadas** para todos ellos.

Last.fm es también una **comunidad** de aficionados al mundo de la música, que pueden compartir con otros usuarios sus gustos musicales. Esta web ha llegado a acuerdos tanto con las grandes compañías discográficas como con miles de artistas y discográficas independientes.

Una de las últimas novedades de Last.fm es un servicio que, gracias a la **publicidad,** permite escuchar canciones completas de forma totalmente gratuita (en febrero de 2008 este servicio estaba disponible únicamente para usuarios de EEUU, Gran Bretaña y Alemania).

La compañía, nacida en Londres, fue adquirida en 2007 por la cadena de televisión estadounidense CBS. A principios de 2008 contaba ya con 20 millones de usuarios en todo el mundo.

Idiomas: inglés, español y otros.

Songza

www.songza.com

Songza es un nuevo buscador y reproductor de música online, lanzado al mercado en noviembre de 2007, que ofrece como característica diferencial una **interfaz muy sencilla e intuitiva, muy fácil de usar.**

En la portada de Songza encontramos **una simple caja de búsqueda** en la que podemos escribir el nombre del artista o canción que queramos escuchar. Una vez obtenidos los resultados (procedentes de otras webs, como YouTube), al situar el ratón sobre cada uno de ellos, se nos ofrecen cuatro opciones: **escuchar** la canción, **compartirla** con otros usuarios (por correo electrónico, publicándola en su blog o mediante un enlace en cualquier página), **valorarla** o añadirla a nuestra ***playlist*** para escucharla posteriormente.

En el momento de escuchar las canciones se ofrecen distintos enlaces (en función de la disponibilidad) al vídeo de la canción (en YouTube) o a la compra (en Amazon.com).

MyStrands

www.mystrands.com

MyStrands es una empresa nacida en España especializada en el desarrollo y aplicación de **tecnologías de recomendación social.** Su principal objetivo es el de ayudar a la gente a descubrir nuevos productos y servicios en distintos ámbitos, como la música o el vídeo, basándose en un sistema de recomendaciones personalizadas.

En el caso de la música, MyStrands permite a los usuarios registrados publicar su historial de escuchas y compartirlo con otros usuarios, obtener recomendaciones basadas en sus gustos musicales, organizar su música mediante etiquetas y organizar fiestas virtuales.

Los40.com: www.los40.com
La propuesta musical de Los 40 Principales en Internet.

Yahoo! Música: es.launch.yahoo.com
El servicio de música de Yahoo! permite crear tu propia emisora de radio en función de tus gustos

Live365 Internet Radio: www.live365.com
Ofrece acceso a miles de emisoras gratuitas de radio en Internet, no sólo musicales.

Estos servicios son útiles porque nos ofrecen distintas formas de disfrutar en Internet de nuestra música preferida.

Crea tu propio Karaoke en casa

Red Karaoke

www.redkaraoke.es

Red Karaoke es útil si queremos demostrar nuestras habilidades como artistas y divertirnos cantando, y hacerlo cómodamente desde casa y sin tener que pagar nada.

Los aficionados al karaoke encontrarán en Red Karaoke un **catálogo gratuito de más de 10.000 canciones** con las que podrán demostrar sus habilidades como cantantes. Con el micro conectado al ordenador, se selecciona la canción que interese –se puede buscar por artista, título, género, tipo de canción, década o idioma– y se empieza a **cantar** y a **grabar** la actuación. Todo el proceso funciona online, sin que debamos descargar ningún programa a nuestro equipo. Las grabaciones quedan a disposición del resto de internautas, que pueden verlas y valorarlas, lo que permite crear rankings con los mejores artistas y las actuaciones más destacadas.

A finales de 2007 Red Karaoke contaba con 27.000 usuarios registrados y más de 65.000 grabaciones almacenadas. La web se lanzó en abril de 2007. Los usuarios de Yahoo! España escogieron a Red Karaoke como la web revelación del año 2007.

En la página de ayuda de Red Karaoke se ofrecen algunos consejos para triunfar con la grabación: escuchar al menos una vez la canción antes de grabarla, no pegar demasiado la boca al micrófono, realizar pruebas para comprobar que música y voz se graban al volumen adecuado, utilizar cascos –para evitar que la música se acople– y escuchar la grabación antes de darla por definitiva y guardarla en la web. Después sólo queda avisar a los amigos para que escuchen, voten y comenten la actuación.

Idioma: español.

Otros karaokes online:

Bix: bix.yahoo.com

Concursos y más concursos de karaoke creados por los usuarios. Bix es una web propiedad de Yahoo!.

Comercio electrónico

Compra cualquier cosa en la red

En Internet se puede comprar de todo, desde donde queramos y a la hora que más nos convenga. Son miles las tiendas que existen en Internet; aquí sólo se presenta una selección de algunas de las más representativas.

Amazon.com

<u>www.amazon.com</u> (EEUU), <u>www.amazon.co.uk</u> (Gran Bretaña), <u>www.amazon.fr</u> (Francia), <u>www.amazon.de</u> (Alemania)

Amazon.com es útil para comprar con total seguridad –y en muchas ocasiones a muy buen precio– libros y otros muchos productos difíciles de encontrar en nuestro país.

Amazon.com es el **auténtico rey del comercio electrónico** y el espejo en el que se miran buena parte de las tiendas online por el gran **servicio** que presta a sus clientes, que ya son más de 60 millones en todo el mundo.

Esta compañía, creada en 1994 por Jeff Bezos, abrió sus puertas en Internet en julio de 1995 vendiendo únicamente libros. Con los años, Amazon.com ha acabado siendo un inmenso centro comercial en el que es posible encontrar prácticamente de todo. Así, cuenta con más de 40 categorías de productos distintos, que incluyen libros, música, películas, artículos deportivos, juguetes, relojes, videojuegos, electrónica de consumo, informática, material de oficina, ferretería, alimentación, muebles, ropa, zapatos o joyería, entre otros.

Además de su web principal, Amazon.com mantiene sitios web específicos en Gran Bretaña, Alemania, Francia, Japón, Canadá y China (**Joyo.com**).

Entre los elementos característicos de Amazon.com se encuentran su excelente servicio de atención al cliente y su capacidad para personalizar el servicio para cada uno de sus usuarios, ofreciendo recomendaciones específicas en función de su actividad en la web, de lo que han comprado o simplemente de los productos que han consultado.

Amazon es un buen sitio para encontrar productos difíciles de localizar en España. Habitualmente ofrece buenos descuentos en multitud de productos, aunque siempre habrá que tener en cuenta el coste del envío para ver si nos compensa la compra. En determinados casos será mejor opción comprar los productos en alguna de las tiendas europeas de Amazon ya que los costes y tiempos de envío serán inferiores que si se adquieren en EEUU.

Si se va a comprar un producto en la tienda de Amazon.com de EEUU, conviene comprobar antes que no hay restricciones para enviarlo a otros países (si las hubiera, Amazon.com nos informaría en cuanto viera la dirección de envío).

Idiomas: inglés, francés o alemán (en función de la tienda seleccionada).

eBay

www.ebay.es,
www.ebay.com

eBay es útil si queremos comprar a buen precio todo tipo de artículos, ofrecidos por otros usuarios individuales o por tiendas, o si queremos vender directamente desde cosas que nos sobran en casa hasta productos con los que queremos hacer negocio.

eBay es la principal web de subastas del mundo, un sitio en el que los usuarios pueden comprar y vender absolutamente de todo. Su enorme éxito ha convertido a eBay en una de las principales tiendas de Internet, con más de 248 millones de usuarios registrados en todo el mundo y más de 100 millones de artículos en venta cada día.

En eBay cualquier persona o empresa puede poner a la venta lo que quiera, cualquier tipo de producto. Y, lógicamente, cualquier usuario puede comprar lo que le parezca interesante. Las transacciones se realizan entre particulares, y eBay se queda con una comisión de las ventas. Hay productos que se venden como en una subasta –los usuarios pujan por ellos– y otros que se ofrecen a precio fijo. La publicación de los anuncios de venta tiene un pequeño coste para el vendedor.

¿Cómo saber que la persona a la que estamos comprando o vendiendo un producto es de fiar? En eBay todos los usuarios tienen un perfil público en el que aparecen los comentarios y los votos positivos, negativos o neutros realizados por otros usuarios con los que haya existido una transacción económica.

Según eBay, más de un millón de personas en todo el mundo –unas 5.000 de ellas en España– han encontrado en eBay una nueva forma de vida o, por lo menos, de conseguir unos ingresos extra importantes.

Idiomas: español, inglés y otros. En América Latina, eBay está presente a través de **MercadoLibre** (www.mercadolibre.com).

Otras webs útiles de comercio electrónico

- **Comparadores de opiniones, productos y precios:** es muy práctico visitar un comparador como **Kelkoo** (www.kelkoo.es) para ver qué precios podemos obtener para un mismo producto en distintas tiendas online. Otros comparadores ofrecen también opiniones de los usuarios: es el caso de **Ciao!** (www.ciao.es) o **Shoomo** (es.shoomo.com).
- **Comparadores internacionales: Bizrate** (www.bizrate.com), **Shopping** (www.shoping.com), **Epinions** (www. epinions.com), **Shopzilla** (www.shopzilla.com), **DealTime** (www.dealtime.com), **PriceGrabber.com** (www.pricegrabber.com), **mySimon** (www.mysimon.com)

> **Los comparadores son útiles** por diversas razones: podemos ahorrar dinero (al localizar la mejor oferta para cada producto) y tiempo (no tenemos que ir visitando distintas tiendas), además de conocer la opinión de otros usuarios sobre productos o tiendas.

- **Supermercados *online* para hacer la compra familiar:** estos sitios web nos permiten hacer la compra de alimentos y otros productos del hogar desde casa o el trabajo para que nos lleven los productos a casa en el horario que más nos convenga. Suponen una buena solución para los que no tengan tiempo para desplazarse al supermercado. Si siempre compramos más o menos los mismos productos, guardar en la web la lista de los productos adquiridos nos puede simplificar mucho la siguiente compra. Entre los principales que ofrecen este servicio se encuentran **Carrefour** (www.carrefour.es), **Hipercor** (www.hipercor.es), **El Corte Inglés** (www.elcorteingles.es), **Mercadona** (www.mercadona.es) y **Caprabo** (www.capraboacasa.com).

> **Los supermercados online son útiles** cuando no tenemos tiempo –o ganas– de ir a hacer la compra.

Directorios y guías

Localiza empresas y negocios de todo tipo

PaginasAmarillas.es
www.paginasamarillas.es

PaginasAmarillas.es es un buscador online de **empresas, profesionales, productos y servicios** de toda **España.** Las búsquedas pueden realizarse por actividades, nombres de empresa, provincia y localidad.

A través de PaginasAmarillas.es también podemos acceder a **PaginasBlancas.es,** un directorio para la localización de **particulares y organizaciones,** además de **Hoteleshoy.com** (una guía de alojamientos) y **Restauranteshoy.com** (guía de restaurantes).

Idioma: español.

PaginasAmarillas.es es útil para encontrar la información de contacto de negocios de todo tipo en España.

11870.com

www.11870.com

La web 11870.com nos permite guardar, descubrir y compartir con otros usuarios lugares, establecimientos, negocios o empresas interesantes, con opiniones, fotos y vídeos de cualquiera de ellos.

Para utilizarlo –es gratis– nos debemos registrar en la web. Una vez registrados, contaremos con una página en la que podremos ir guardando, de manera pública o privada, aquellos sitios –negocios, empresas, museos, tiendas, restaurantes, hoteles... lo que queramos– que nos hayan interesado.

Sobre cada uno de estos lugares podemos incluir la información práctica que queramos (dirección, teléfono...), dar nuestra opinión y añadir fotos o vídeos, además de poner las etiquetas que nos permitan clasificarlos.

En 11870.com podemos compartir con otros usuarios la información sobre estos establecimientos. De esta manera, la web es un recurso en el que buscar establecimientos de todo tipo que hayan sido valorados por otros usuarios.

Idiomas: español, catalán e inglés.

> **11870.com es útil** para descubrir sitios interesantes, valorados por otros usuarios, y para guardar la información sobre aquellos lugares o establecimientos que más nos interesen.

■ Inmobiliaria ■

Busca piso

Idealista.com

www.idealista.com

Idealista.com es el principal portal inmobiliario en España. En esta web podemos **buscar casa o piso**, tanto **nuevos** como de segunda mano, para comprar o alquilar en cualquier provincia española.

Si lo que queremos es **vender** nuestro piso, podemos publicar un **anuncio gratis** (las agencias o profesionales del sector pagan por publicar los anuncios).

Idealista.com ofrece también noticias, informes y guías prácticas sobre el sector inmobiliario y cuenta con un simulador de hipotecas, entre otros servicios.

La web es muy fácil de usar. Cuenta con **mapas** que ayudan a delimitar los resultados. El listado de pisos encontrados, una vez especificadas todas las **características** que nos interesan, puede **ordenarse** por distintos criterios (precio, superficie, etc.).

Idiomas: español, catalán y otros.

> **Idealista.com es útil** si estamos buscando vivienda nueva o de segunda mano en cualquier provincia española y queremos hacerlo en un portal con un gran volumen de viviendas en oferta y fácil de usar.

Otros:

Fotocasa.es: www.fotocasa.es
Otra buena opción para buscar vivienda. Pertenece al grupo Anuntis Segundamano.

Enalquiler.com: www.enalquiler.com
Este proyecto está impulsado por Grupo Intercom. Uno de sus elementos diferenciales es un comparador de precios de alquiler por zonas.

Portae.com: www.portae.com
Propiedad de Endesa Energía, esta web permite buscar viviendas y contratar productos y servicios relacionados con el hogar.

Trovit: casas.trovit.es
Trovit es un buscador de anuncios clasificados que rastrea ofertas publicadas en distintos sitios web.

Loquo: www.loquo.com
«Vivienda» es una de las secciones de este portal de anuncios clasificados gratuitos para todo tipo de productos de segunda mano.

yaencontre.com: www.yaencontre.com

Clasificados ELPAIS.com: inmobiliaria.elpais.com

Clasificados.es (La Vanguardia): inmo.clasificados.es

Estos servicios de anuncios clasificados son útiles para buscar de un modo práctico y efectivo la vivienda que más nos interese, ya sea de compra o alquiler. Conviene consultar más de un servicio, ya que los resultados pueden variar mucho en función de la zona en la que estemos buscando.

Epílogo

Toda revolución lleva su tiempo. Las cosas no suelen cambiar repentinamente, de un día para otro. Más bien van transformándose poco a poco, aunque de modo inexorable, sin vuelta atrás. Así, necesitamos que pase el tiempo para poder valorar en su justa medida el alcance real de los cambios a los que asistimos, muchas veces casi sin darnos cuenta.

Esto es lo que creo que está sucediendo con Internet. Estamos inmersos en la primera fase de una gran revolución que está cambiando muchos aspectos de nuestras vidas: el modo de comunicarnos, de informarnos o de trabajar; la manera de aprender, de relacionarnos o de divertirnos; las formas de viajar, de crear, de hacer negocios, de participar en política; el modo de jugar, de unirnos y separarnos, de comprender y comprendernos, de ganarnos la vida... hasta el modo de soñar.

El poder que Internet otorga a los individuos tiene consecuencias ilimitadas, casi incontrolables. Cada persona, cada uno de nosotros, tiene ahora en sus manos una herramienta con una capacidad transformadora nunca vista.

Internet es un gran invento que encierra la promesa de hacer mejores nuestras vidas. De hecho, Internet me parece el mejor y más trascendental invento del último siglo, ya que son muy pocas las áreas de la actividad humana que escapan a su enorme capacidad de influencia.

Pero, por desgracia, Internet no ha llegado con el manual de instrucciones bajo el brazo. Aprender a dominarlo no es tarea fácil, y no queda otra solución que hacerlo si queremos sacarle el máximo partido.

Internet es, o debería ser, cosa de todos. Nadie debería quedar fuera de esta revolución. Con estas páginas esperamos haber aportado nuestro pequeño granito de arena a la consecución de este importante objetivo.

Aquí termina, por tanto, este primer viaje de *Internet es útil*.

Espero que esta larga –pero, dada la magnitud de Internet, en realidad muy corta– lista de webs te haya sido útil. Que hayas descubierto páginas en las que hacer cosas nuevas e interesantes; que te hayas encontrado con sitios web que te permiten ganar tiempo, ahorrar dinero o mejorar tus habilidades y aptitudes profesionales. Quizás has encontrado la solución a algún problema, o has descubierto nuevas formas de comunicarte, de entretenerte, de aprender, de trabajar.

Sea cual sea tu caso, me encantará recibir tus comentarios y sugerencias de nuevas webs para futuras ediciones de *Internet es útil*. Lo puedes hacer a través de www.internetesutil.com y www.plataformaeditorial.com, o directamente enviándome un mensaje a ismanafria@yahoo.com.

Sé que han quedado muchos temas por cubrir en estas páginas; era realmente imposible abarcarlos todos en un único libro. Pero *Internet es útil* es un proyecto abierto que se plantea dar respuesta a todas vuestras inquietudes, bien sea a través de la web, bien mediante nuevos libros temáticos.

Muchas gracias por haber llegado hasta aquí y ¡hasta pronto!

ISMAEL NAFRÍA
Madrid, abril de 2008

Anexos

Las webs más visitadas

Alexa.com, compañía propiedad de **Amazon.com**, ofrece desde hace años información sobre el tráfico de cualquier web de Internet y establece clasificaciones globales, por países, por temas y por idiomas.

El tráfico se mide fundamentalmente gracias a la barra de herramientas de Alexa que tienen instalada varios millones de usuarios de todo el mundo. Cuando esos usuarios navegan por internet, Alexa va recopilando la información sobre las páginas que visitan. Adicionalmente, Alexa agrega datos procedentes de otras fuentes para acabar de configurar sus clasificaciones.

Las mediciones de Alexa no tienen carácter científico ya que la selección de los usuarios que se han instalado la barra de Alexa no responde a criterios de selección sociodemográfica, sino que depende totalmente de la voluntad de los usuarios de utilizarla. Por tanto, hay que observar siempre estos datos con cierta precaución. Además, Alexa no facilita el número de usuarios que tienen instalada su barra de herramientas ni cuántos corresponden a cada país.

En cualquier caso, Alexa es el sistema abierto que ofrece a día de hoy más datos de manera pública y gratuita sobre el tráfico global en Internet.

A continuación se recogen las 100 webs más visitadas según los datos de Alexa.com en todo el mundo y por los usuarios españoles (los datos corresponden a abril de 2008).

Las 100 webs más visitadas del mundo (Alexa.com)

1. Yahoo!	www.yahoo.com	Portal	EEUU
2. Google	www.google.com	Buscador	EEUU
3. YouTube	www.youtube.com	Vídeos	EEUU
4. Windows Live	www.live.com	Buscador	EEUU
5. MSN	www.msn.com	Portal	EEUU
6. Myspace	www.myspace.com	Red social	EEUU
7. Wikipedia	www.wikipedia.org	Enciclopedia	EEUU
8. Facebook	www.facebook.com	Red social	EEUU
9. Blogger.com	www.blogger.com	Blogs	EEUU
10. Yahoo! Japan	www.yahoo.co.jp	Portal	Japón
11. Orkut	www.orkut.com	Red social	EEUU
12. RapidShare	www.rapidshare.com	Hosting archivos	Suiza
13. Baidu.com	www.baidu.com	Buscador	China
14. Microsoft	www.microsoft.com	Empresas	EEUU
15. Google India	www.google.co.in	Buscador	India
16. Google Alemania	www.google.de	Buscador	Alemania
17. QQ.COM	www.qq.com	Portal	China
18. Ebay	www.ebay.com	Subastas	EEUU
19. Hi5	www.hi5.com	Red social	EEUU
20. Google.fr	www.google.fr	Buscador	Francia
21. AOL	www.aol.com	Portal	EEUU
22. @Mail.ru	www.mail.ru	Portal	Rusia
23. Google UK	www.google.co.uk	Buscador	Gran Bretaña
24. Sina.com	www.sina.com.cn	Portal	China
25. FC2	www.fc2.com	Hosting	Japón
26. Photobucket	www.photobucket.com	Fotografía	EEUU
27. Google Brasil	www.google.com.br	Buscador	Brasil
28. Amazon.com	www.amazon.com	Comercio electrónico	EEUU
29. IMDB	www.imdb.com	Cine	EEUU
30. Vkontakte.ru	www.vkontakte.ru	Red social	Rusia
31. Google Italia	www.google.it	Buscador	Italia
32. Google España	www.google.es	Buscador	España
33. Google China	www.google.cn	Buscador	China
34. ImageShack	www.imageshack.us	Fotos	EEUU
35. Youporn.com	www.youporn.com	Adultos	
36. Wordpress.com	www.wordpress.com	Blogs	EEUU
37. Google Japón	www.google.co.jp	Buscador	Japón
38. Yandex.ru	www.yandex.ru	Portal	Rusia

39. Flickr	www.flickr.com	Fotos	EEUU
40. Friendster	www.friendster.com	Red social	EEUU
41. Skyrock	www.skyrock.com	Red social	Francia
42. Adult Friendfinder	www.adultfriendfinder.com	Contactos/Adultos	EEUU
43. Go	www.go.com	Portal	EEUU
44. Odnoklassniki.ru	www.odnoklassniki.ru	Red social	Rusia
45. Google México	www.google.com.mx	Buscador	México
46. BBC Newsline ticker	www.bbc.co.uk	Noticias	Gran Bretaña
47. Craigslist.org	www.craigslist.org	Clasificados	EEUU
48. Dailymotion	www.dailymotion.com	Vídeos	Francia
49. Redtube.com	www.redtube.com	Adultos	
50. CNN	www.cnn.com	Noticias	EEUU
51. 163.com	www.163.com	Portal	China
52. Mininova	www.mininova.org	Intercambio archivos	Holanda
53. Googlesyndication	www.googlesyndication.com	Buscador	EEUU
54. Taobao.com	www.taobao.com	Comercio electrónico	China
55. Google Canada	www.google.ca	Buscador	Canadá
56. LiveJournal	www.livejournal.com	Blogs	EEUU
57. Fotolog	www.fotolog.net	Fotoblog	
58. Universo Online	www.uol.com.br	Portal	Brasil
59. ImageVenue hosting	www.imagevenue.com	Hospedaje fotos	
60. eBay Alemania	www.ebay.de	Subastas	Alemania
61. Naver	www.naver.com	Portal	Corea del Sur
62. Mixi	www.mixi.jp	Red social	Japón
63. Rakuten	www.rakuten.co.jp	Comercio electrónico	Japón
64. Rambler.ru	www.rambler.ru	Portal	Rusia
65. ESPN Sportszone	www.espn.go.com	Deportes	EEUU
66. Free	www.free.fr	Proveedor Internet	Francia
67. Livedoor	www.livedoor.com	Portal	Japón
68. Rediff.com India	www.rediff.com	Portal	India
69. Nicovideo	www.nicovideo.jp	Video	Japón
70. Adobe	www.adobe.com	Empresa/Software	EEUU
71. Sohu	www.sohu.com	Portal	China
72. Apple Computer	www.apple.com	Empresas	EEUU
73. 56.com	www.56.com	Vídeo	China
74. Yourfilehost.com	www.yourfilehost.com	Hosting	
75. Veoh.com	www.veoh.com	Vídeo	EEUU
76. PerfSpot	www.perfspot.com	Red social	EEUU
77. Deviantart.com	www.deviantart.com	Arte	
78. About	www.about.com	Guías	EEUU
79. Google Turquía	www.google.com.tr	Buscador	Turquía
80. Youku	www.youku.com	Vídeo	China
81. Globo.com	www.globo.com	Noticias	Brasil
82. Megaupload	www.megaupload.com	Intercambio de archivos	Hong Kong
83. Google Polonia	www.google.pl	Buscador	Polonia

84. MetroFlog	www.metroflog.com	Fotoblog	
85. Google Rusia	www.google.ru	Buscador	Rusia
86. Fastclick	www.fastclick.com	Publicidad	EEUU
87. Clicksor	www.clicksor.com	Publicidad	EEUU
88. Geocities	www.geocities.com	Páginas personales	EEUU
89. Goo	www.goo.ne.jp	Portal y buscador	Japón
90. Google Indonesia	www.google.co.id	Buscador	Indonesia
91. eBay UK	www.ebay.co.uk	Subastas	Gran Bretaña
92. MediaFire	www.mediafire.com	Hosting archivos	EEUU
93. Yahoo China	www.yahoo.com.cn	Portal	China
94. PartyPoker.com	www.partypoker.com	Juego	Gran Bretaña
95. GameSpot	www.gamespot.com	Videojuegos	EEUU
96. Download.com	www.download.com	Software	EEUU
97. NYTimes.com	www.nytimes.com	Noticias	EEUU
98. Google Australia	www.google.com.au	Buscador	Australia
99. Terra Brasil	www.terra.co.br	Portal	Brasil
100. Wretch	www.wretch.cc	Red social	Taiwán

Las 100 webs más visitadas por usuarios españoles (Alexa.com)

1. Google España	www.google.es	Buscador
2. Windows Live	www.live.com	Buscador
3. YouTube	www.youtube.com	Vídeos
4. Google	www.google.com	Buscador
5. Yahoo!	www.yahoo.com	Portal
6. Fotolog	www.fotolog.net	Fotos/blogs
7. MSN	www.msn.com	Portal
8. Blogger	www.blogger.com	Blogs
9. MARCA Digital	www.marca.com	Noticias/Deportes
10. Wikipedia	www.wikipedia.org	Enciclopedia
11. Elmundo.es	www.elmundo.es	Noticias
12. eBay España	www.ebay.es	Subastas/compras
13. RapidShare	www.rapidshare.com	Intercambio de archivos
14. Terra	www.terra.es	Portal
15. As	www.as.com	Noticias/Deportes
16. ELPAIS.com	www.elpais.com	Noticias
17. Vagos.es	www.vagos.es	Foros
18. Microsoft	www.microsoft.com	Empresas/Corporativo
19. MySpace	www.myspace.com	Red social
20. Softonic	www.softonic.com	Descarga software
21. Tuporno.tv	www.tuporno.tv	Adultos
22. Wordpress.com	www.wordpress.com	Blogs

23. ImageShack	www.imageshack.us	Fotografía
24. 20minutos.es	www.20minutos.es	Noticias
25. MeriStation	www.meristation.com	Revista videojuegos
26. Tu.tv	www.tu.tv	Vídeos
27. Segundamano	www.segundamano.es	Clasificados
28. Petardas.com	www.petardas.com	Adultos
29. Mforos.com	www.mforos.com	Foros
30. Adult Friendfinder	www.adultfriendfinder.com	Contactos Adultos
31. Infojobs.net	www.infojobs.net	Empleo
32. la Caixa	www.lacaixa.es	Banca
33. ElOtroLado.net	www.elotrolado.net	Videojuegos y nuevas tecn.
34. Tuenti.com	www.tuenti.com	Red social
35. MetroFlog	www.metroflog.com	Fotoblog
36. Minijuegos	www.minijuegos.com	Juegos
37. Impresionesweb.com	www.impresionesweb.com	Publicidad
38. Redtube.com	www.redtube.com	Adultos
39. Flickr	www.flickr.com	Fotografía
40. Facebook	www.facebook.com	Red social
41. Youporn.com	www.youporn.com	Adultos
42. Sport.es	www.sport.es	Noticias/Deportes
43. Badoo	www.badoo.com	Red social
44. Sexy o No?	www.sexyono.com	Comunidad
45. Vueling	www.vueling.com	Transporte aéreo
46. Ya.com	www.ya.com	Portal
47. Orange	www.orange.es	Telecomunicaciones
48. Meetic	www.meetic.es	Relaciones
49. Ciao.es	www.ciao.es	Opiniones y comparador
50. Páginas Amarillas	www.paginasamarillas.es	Directorio
51. Telecinco	www.telecinco.es	Televisión
52. Ask.com	www.ask.com	Buscador
53. Spanair	www.spanair.com	Viajes/Empresas
54. Cuatro	www.cuatro.com	Televisión
55. Googlesyndication.com	www.googlesyndication.com	Buscador
56. Privalia.com	www.privalia.com	Comercio electrónico
57. Ogame	www.ogame.com.es	Juegos
58. Photobucket	www.photobucket.com	Fotografía
59. Hi5	www.hi5.com	Red social
60. Blinko.es	www.blinko.es	Descargas para móviles
61. Muyzorras.com	www.muyzorras.com	Adultos
62. El Mundo Deportivo	www.elmundodeportivo.es	Noticias/Deportes
63. Msn.es	www.msn.es	Portal
64. Loquo	www.loquo.com	Clasificados
65. Edreams	www.edreams.com	Viajes
66. Mucho Viaje	www.muchoviaje.com	Viajes
67. Dailymotion	www.dailymotion.com	Vídeos

68. Lycos España	www.lycos.es	Portal
69. Megaupload	www.megaupload.com	Intercambio de archivos
70. Ikariam.es	www.ikariam.es	Juegos
71. El Corte Inglés	www.elcorteingles.es	Comercio
72. Linkdirecto.com	www.linkdirecto.com	Foros
73. 123tonosgratis.com	www.123tonosgratis.com	Móviles
74. Geocities	www.geocities.com	Páginas personales
75. Taringa.net	www.taringa.net	Comunidad
76. Campusanuncios	www.campusanuncios.com	Clasificados
77. 888.com	www.888.com	Juego
78. WordReference.com	www.wordreference.com	Diccionarios
79. Libertad Digital	www.libertaddigital.com	Noticias
80. ABC	www.abc.es	Noticias
81. Mininova	www.mininova.org	Intercambio archivos
82. ImageVenue hosting	www.imagevenue.com	Hosting de imágenes
83. The Internet Movie Database	www.imdb.com	Cine
84. Cadena SER	www.cadenaser.com	Radio
85. Pajilleros.com	www.pajilleros.com	Adultos
86. NBA.com	www.nba.com	Deportes
87. Meneame	www.meneame.net	Noticias
88. Foroactivo.com	www.foroactivo.com	Foros
89. Netfilia	www.netfilia.com	Publicidad
90. Iespana.es	www.iespana.es	Portal
91. Foro coches	www.forocoches.com	Coches
92. Vota mi cuerpo	www.votamicuerpo.com	Comunidad
93. Rojadirecta.com	www.rojadirecta.com	Vídeo
94. Coches.net	www.coches.net	Coches
95. eBay	www.ebay.com	Subastas
96. Mundoanuncio	www.mundoanuncio.com	Clasificados
97. Adobe	www.adobe.com	Software
98. Sonico.com	www.sonico.com	Red social
99. Hattrick	www.hattrick.org	Juegos
100. Telefónica.net	www.telefonica.net	Telecomunicaciones

Descubre la fuerza del Eneagrama
para conocerte a ti mismo y vivir mejor.

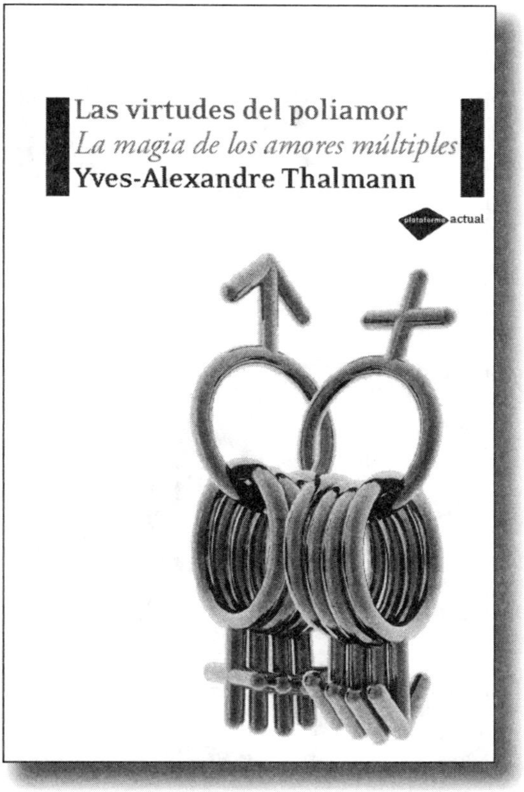

Un fenómeno social en crecimiento.
Para ir más allá de la pareja tradicional.

Quien sepa aplicar lo que se muestra
en este libro, sabrá cambiar su vida
a mejor, libre de estrés.

La comunicación
que satisface a ambos.

Vivir la adolescencia de tus hijos e hijas
con amor y autoridad.

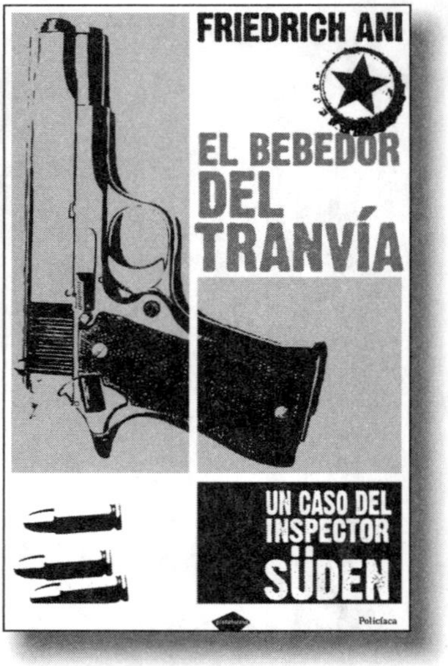

"Bienvenido inspector Süden"
Lilian Neuman *La Vanguardia*